Acantilado bolsillo, 10
EL FIN DEL MUNDO
COMO OBRA DE ARTE

RAFAEL ARGULLOL

EL FIN DEL MUNDO COMO OBRA DE ARTE
UN RELATO OCCIDENTAL

BARCELONA 2007 ACANTILADO

Publicado por
ACANTILADO
Quaderns Crema, S. A.

Muntaner, 462 - 08006 Barcelona
Tel. 934 144 906 - Fax. 934 636 956
correo@acantilado.es
www.acantilado.es

© 1991, 2007 by Rafael Argullol Murgadas
© de esta edición, 2007 by Quaderns Crema, S. A.

Derechos exclusivos de edición:
Quaderns Crema, S. A.

ISBN: 978-84-96489-78-3
DEPÓSITO LEGAL: B. 4594-2007

AIGUADEVIDRE   *Gráfica*
QUADERNS CREMA   *Composición*
ROMANYÀ-VALLS   *Impresión y encuadernación*

PRIMERA REIMPRESIÓN   *octubre de 2016*
PRIMERA EDICIÓN   *febrero de 2007*

Bajo las sanciones establecidas por las leyes,
quedan rigurosamente prohibidas, sin la autorización
por escrito de los titulares del copyright, la reproducción total
o parcial de esta obra por cualquier medio o procedimiento mecánico o
electrónico, actual o futuro—incluyendo las fotocopias y la difusión
a través de Internet—y la distribución de ejemplares de esta
edición mediante alquiler o préstamo públicos.

CONTENIDO

INTRODUCCIÓN, 7

1: IO Y EL TÁBANO, 9 — 2: ESPECTROS, 11 — 3: EL SOLDADO DE MARATÓN Y EL VISIONARIO DE PATMOS, 13 — 4: FINISTERRE, 15 — 5: PROMETEO, EL SEDUCTOR, 17 — 6: SEDUCCIÓN Y REDENCIÓN, 19 — 7: CIEGAS ESPERANZAS, 21 — 8: CANTOS CREPUSCULARES, 23 — 9: FILANTROPÍA, 25 — 10: NOSTALGIA Y DESTINO, 27 — 11: LA INOCENCIA DE EDIPO, 29 — 12: LA ESENCIA DEL ARTE, 31 — 13: LO PERVERSO, 33 — 14: UN MAESTRO DEL SUSPENSE, 35 — 15: UNA OBRA MAESTRA DEL SUSPENSE, 37 — 16: UN MONUMENTO A LA NOSTALGIA, 41 — 17: LA PASIÓN MÁS PODEROSA, 43 — 18: EL OLOR DE LA SANGRE, 45 — 19: EL GRAN CASTIGO, 47 — 20: ESTIGMA, 49 — 21: CUERPOS YA NO HUMANOS, 51 — 22: LA CAÍDA, 53 — 23: EL ALMA DE LA PIEDRA, 55 — 24: LA ESTATUA DE CARRARA, 57 — 25: HYBRIS, 59 — 26: GEOMETRÍA Y FE, 61 — 27: FUNÁMBULO, 63 — 28: GLADIADORES CELESTES, 65 — 29: TRAVESÍA DEL FUNÁMBULO, 67 — 30: EL LUGAR DEL INFIERNO, 69 — 31: EN EL PRINCIPIO FUE LA ACCIÓN, 71 — 32: FIDELIDAD A LA TIERRA, 73 — 33: FAUSTO CONTRA FAUSTO, 75 — 34: EL PELIGRO INMEDIATO, 77 — 35: LA TENSIÓN DEL COMBATE, 79 — 36: EL HASTÍO DE HAMLET, 81 — 37: VUELOS DEL ÁGUILA, 83 — 38: PRESTIDIGITACIÓN, 85 — 39: EL HOMÚNCULO, 87 — 40: SENSUALIDAD Y TINIEBLA, 89 — 41: EL BUEN BÁRBARO, 91 — 42: LA GRAN SINFONÍA, 93 — 43: ARTE Y TRANSFORMISMO, 95 — 44: LA HERENCIA DE SIGFRIDO, 97 — 45: UN CONCIERTO EN BERLÍN, 99 — 46: AURORA

BOREAL, *101* — 47: LA TENTACIÓN DEL ARQUITECTO, *103* — 48: FORJA DEL PORVENIR, *105* — 49: CINEMATOGRAFÍA Y TAXIDERMIA, *107* — 50: DECORADO PARA LA ETERNIDAD, *109* — 51: LOS TOBILLOS DE HELENA, *111* — 52: CÚPULA SOBRE EL MUNDO, *113* — 53: EL VALOR DE LAS RUINAS, *117* — 54: UN FILM DE HITLER, *119* — 55: LA IMAGEN, *121* — 56: EN LA ESTEPA, *123* — 57: EL ROCE DEL LÍMITE, *125* — 58: TEOFANÍA, *127* — 59: SACRIFICIO Y LITURGIA, *131* — 60: USURPACIÓN, *133* — 61: PAN, *135* — 62: TODO EN NADA, *137* — 63: CARNAVAL, *139* — 64: LA DANZA DEL OLVIDO, *141* — 65: ORÁCULOS, *143* — 66: DOMESTICAR AL MONSTRUO, *145* — 67: LO INNOMBRABLE, *147* — 68: A LA VENTURA, *149* — 69: EL ESPÍRITU DE LA TRAGICOMEDIA, *151* — 70: ZOOM, *153* — 71: IO Y EL TÁBANO, *155*

INTRODUCCIÓN

Lo que sigue a estas palabras introductorias es un relato. Por tanto, un texto desprovisto de aquellas pretensiones de objetividad con las que, con mayor o menor razón, se presentan la mayoría de los escritos supuestamente críticos. Como tal relato implica el desarrollo de un argumento, «el fin del mundo como obra de arte», si bien en dicho desarrollo el *leitmotiv* central está sometido a un continuo proceso de metamorfosis, con apariciones y ocultamientos propios de un mecanismo, el del simulacro, que, en definitiva, me interesa tratar de un modo primordial. Expresiones como «arte» u «obra de arte», pero también las que se refieren a las distintas imágenes de «fin del mundo», quedan remitidas precisamente a la poderosa capacidad de simulacro en la que se fundamenta nuestra cultura. De ahí el subtítulo: un relato occidental.

De ahí, asimismo, los decorados y protagonistas, elegidos, es cierto, arbitrariamente, mas, en mi opinión, vinculados todos ellos por una herencia espiritual que llega a adquirir el valor de estigma. Hubiera podido optar, sin duda, por otros decorados y protagonistas —no menos arbitrarios— para tratar de llegar a una conclusión semejante. Si me he inclinado por unos, y no por otros, por un relato específico, entre los muchos relatos posibles, ello se debe a motivos puramente subjetivos de atracción y, también, de repulsión. En cualquier caso, los sucesivos episodios que configuran esta historia pueden—y quizá deban—ser entendidos como los sucesivos escenarios en los que transcurre una larga representación. En ella ciertos personajes aparecen, con nitidez, bajo la luz de los focos, a condición, no obstante, de que sea en las sombras donde habitan las fuerzas determinantes del drama. O, lo que es lo mismo: de la farsa.

La mayoría de estos personajes teatrales no requiere presentación. Tampoco creo que sea oportuno desvelar de entrada sus identidades. Sólo me permito una excepción con el primer nombre que surge en el escenario, Io, casi desconocido para nosotros, pero ilustre en la Antigüedad, como lo prueba el hecho de que Herodoto se sirva de él para iniciar sus crónicas. Io, hija de Inaco, tras ser poseída por Zeus fue castigada por los cielos de un modo significativo. Transformada en animal (una hermosa vaca), le fue impuesta por la vengativa Hera la compañía de un tábano que le picase continuamente, obligándola a huir en un peregrinaje interminable. Desprovista de razón es incapaz de comprender, pero, al mismo tiempo, acuciada por el dolor trata desesperadamente de descifrar el sentido de su periplo. Ésta es la situación en la que se halla cuando se encuentra con Prometeo al principio del relato. Luego permanecerá a lo largo de él, muda e invisible, hasta ser rescatada en su final.

Por último, creo necesario advertir, frente a los amantes de lo terminal, que éste, a pesar de su título, no es un texto «apocalíptico». Más bien pretende ser lo contrario: un alegato contra los «grandes ideales» que, a través de sus símbolos y mitos, han envenenado el aire en el que nos ha tocado respirar.

1.
IO Y EL TÁBANO

Cuando Io sale al escenario, bailando estremecida, tenemos la certeza de encontrarnos ante el único destino descarnadamente humano. El gran drama del cosmos queda suspendido. La tragicomedia de la libertad y de la angustia palidece ante la presencia de una sombra carnal. Io es sólo cuerpo, perdido en el vacío de fuerzas incomprensibles. Apenas se atreve a interrogar al imponente dios clavado a la roca. Si se decide a hacerlo, tímida y temerosa, es únicamente para tratar de averiguar la duración de su peregrinaje. Pero se asusta de las respuestas tanto como de sus propias preguntas. Sabe, además, que no paliará su ignorancia pues desde hace mucho tiempo comprende que ella es tan sólo ignorancia. Éste es el singular aspecto de la vida que le ha sido dado comprender. Más allá de él, nada. Más allá de su cuerpo, nada.

Y, sin embargo, tampoco entiende que su cuerpo deba ser maltratado. Ella no pidió nacer. Se limitó a aceptar, sin ataduras, la violencia del deseo. No ofreció su cuerpo por ambición sacrílega sino por un deseo irreprimible que, noche tras noche, se iba alimentando de la materia de los sueños. En realidad hubiera sido feliz si su juventud se hubiera consumido, sin más consecuencias, en la hoguera del instinto. Mas ha sido condenada a salvarse. A perder la patria segura del instinto para vagar en el desierto del conocimiento.

A Io la han castigado con el *regalo de la conciencia*: ese tábano invisible que le pica cada vez más dolorosamente y embota sus sentidos. Y así su cuerpo, aquel cuerpo admirable que despertó la lujuria del padre de los dioses, se ha abierto al sufrimiento y a la culpa. Io envejece, errando por valles indescifrables, mientras, por más que se esfuerza, no logra comprender la furia del mundo ni la causa de su dolor. Pero, a pesar de todo, aún hay una belleza conmovedora en la figura de Io y su silueta, danzando en el claroscuro del paisaje crepuscular, posee una fascinación inigualable: es el único ser auténticamente vivo en un universo espectral.

2.
ESPECTROS

Éste es un relato con pocos seres auténticamente vivos. A excepción de la bailarina Io, que reaparece fugazmente al final, casi no recordamos ningún otro. Por el contrario, los espectros son abundantes por la sencilla razón de que la cultura en que transcurre este relato siente una especial predilección por ellos. Con esto quiere advertirse que es una cultura que ha tendido a preferir los espectros a los hombres o, si está permitido, los entes dudosos, cuando no manifiestamente muertos, a las criaturas pobres más realmente vivas. Una cultura con voluntad espectral, como la descrita, lo es en todas las direcciones pero, de una manera genuina, especialmente en dos: la que le conduce al sueño de no ser humana y la que le conduce a la pesadilla de no ser divina.

Gracias a ello, tal cultura se asienta en un precipicio insondable que únicamente es olvidado con poderosos zarpazos de la imaginación. Ahora bien, esta imaginación sólo puede ser, asimismo, espectral pues al concebir, como *ideales*, imágenes que sobrepasan el poder del hombre se complace, de modo inevitable, en aquellas otras imágenes en las que éste ha dejado de existir.

No debe extrañar, por tanto, que el fin del hombre sea la resplandeciente, aunque a veces oculta, ensoñación de tantos teólogos, filósofos y artistas que se han ilusionado con un camino de perfección para las cosas humanas. Tras la idea, tras el paraíso, tras la perfección en suma, siempre hay un deseo, casi sexual, de aniquilación. No podría ser de otro modo: más allá de la perfección no hay sino la nada. Y la nada es, para una cultura espectral, el horizonte más excitante.

3.
EL SOLDADO DE MARATÓN
Y EL VISIONARIO DE PATMOS

Hay dos excepcionales obras de frontera—entre la perfección y la nada—que han contribuido, quizá más que todas las demás de otros géneros, a la conformación del estigma de esa cultura. Estigma, no contenido u orientación, pues se trata de un verdadero estigma, de una huella impresa en el tejido espiritual, de una inclinación que fatalmente se ha hecho congénita y hereditaria, derivando en una sed de poder y autocompasión sin límites. Ambas obras tienen en común el deleite de concebir el juego en una extrema *frontera*, sea ésta confín último del mundo, como en el caso de *Prometeo encadenado*, sea, como en el *Apocalipsis*, umbral del fin inminente.

Por supuesto, nos imaginamos completamente diferentes, e incluso antagónicos, a los dos artífices. Al primero, a Esquilo, nos lo representamos viviendo el mejor momento de Grecia, una vez que los persas han sido gloriosamente derrotados. Lo vemos como un hombre sabio, profundo, equilibrado, un poeta de extraordinarias dotes quien, no obstante, según él mismo se cuida de remarcar en su epitafio, prefiere pasar a la posteridad como un combatiente en las batallas de Maratón y Salamina. Al segundo, a ese Juan de Patmos que nos cuesta identificar con el Evangelista, nos lo figuramos de manera muy distinta. Un visionario, probablemente un loco. Un hombre aislado, con mayor capacidad para el odio que para el amor, una mente refinadamente forjada para la venganza. Pero qué gran poeta también, qué poderoso procreador de imágenes de siniestra hermosura. A primera vista, si exceptuamos la maestría poética, ninguna afinidad hay entre el soldado de Maratón y el visionario de Patmos. Uno interrogándose sobre el poder del hombre, el otro reclamando el poder del dios. Sin embargo, si aguzamos la mirada comprobaremos como fuentes tan distintas han llegado a alimentar un mismo río, sellándose así la alianza entre el vigoroso deseo de perfección y el placer irrefrenable de la nada.

Éste es, pues, el estigma: la atracción enfermiza, obsesiva, apremiante, que mueve, al precio que sea, a traspasar la *frontera*.

4.
FINISTERRE

Ío desaparece de la escena. Se va como ha llegado: prosiguiendo su danza del miedo, sometida a las picaduras de su centinela implacable. Sin ella, la soledad se hace completa. En el escenario sólo hay fuerzas abstractas que chocan despiadadamente. A veces se asoman tenuemente sentimientos. Como en ciertas palabras de Hefesto, como en los lamentos de las hijas de Océano. Pero suenan casi imperceptibles bajo el fragor tumultuoso de las *ideas*. Prometeo no es sino una gran idea, la más sublime de todas, luchando contra otra gran idea, la más perversa. El hombre puede ser libre, detentar el poder. El hombre nunca será libre pues la única libertad corresponde al incomprensible e imprevisible Destino.

¡Con qué habilidad el soldado de Maratón ha escogido el lugar para representar la tragicomedia del hombre!

El confín de la tierra, la frontera. Un finisterre que es al mismo tiempo una avanzadilla entre el cielo y el infierno. Allí, al peñasco caucásico, ha sido encadenado Prometeo por el herrero Hefesto bajo la atenta vigilancia de Fuerza y Violencia, los fieles esbirros de Zeus. Pero el mayor castigo de Prometeo no son sus cadenas, ni el sol carnicero que lacerará su carne durante días eternos ni, tan siquiera, el águila que devorará su hígado noche tras noche. Su mayor castigo es el paisaje que le rodea, la mirada perpetuamente atrapada en una estepa desnuda cuya infinitud y desolación le conminan a adentrarse en el vacío.

No son la ira de Zeus o su inminente hundimiento en el Tártaro los que dan a Prometeo la medida de la magnitud de su rebeldía y de su culpa. Sólo la conciencia del vacío le da la medida exacta de su acción.

5.
PROMETEO, EL SEDUCTOR

Todos los demás llevan máscaras, pero el actor que hace de Prometeo no. Él, antes de iniciarse la representación, se ha introducido en una figura gigantesca de madera clavada a la roca pues Prometeo, al contrario que Io, no necesita un cuerpo en libre movimiento. Es sólo voz porque quiere ser sólo conciencia. El efecto es idóneo: la figura encadenada a la roca se confunde con la roca misma en un único conjunto a cuyo alrededor se abre un abismo poblado de tempestades. Así es como Prometeo, en su hierática inmovilidad, logra encarnar el límite mismo más acá del cual ha sembrado la esperanza en los hombres, al tiempo que, más allá de él, adivina la arbitrariedad de su propósito.

De hecho, su situación, y el modo como la asume, implica la mayor altivez espiritual que jamás se haya concebido, porque, habiendo sido desplazado al confín del mundo, su voz se constituye en *centro del mundo*. Suspendido en el vacío, Prometeo exige que el cosmos, con sus hechizos y turbulencias, gire en derredor suyo. Esta imagen posee una extraordinaria fuerza de *seducción* porque hasta entonces el hombre nunca se había atrevido a colocar una voz que le representara en el corazón del enigma.

Hasta entonces las voces sólo cantaban su insuficiencia como ecos procedentes de un origen implacable. Con Prometeo, el hombre realiza el gran acto de *seducción* consigo mismo.

6.
SEDUCCIÓN Y REDENCIÓN

El seductor promete y engaña. Pero su misión es irremplazable porque sin ella la más perniciosa abulia espiritual invadiría todos los rincones. También el redentor promete y engaña. Sin embargo, la salvedad es que este último no deja translucir en ningún momento la mentira y, a fuerza de no hacerlo, llega a convencerse de que es portador de la verdad. Ésta es la gran diferencia entre el mundo del soldado de Maratón y el mundo del visionario de Patmos. *Seducción frente a redención*.

Nosotros, aupados por un invencible miedo y una oscura ambición, las hemos unido poniendo la bella mentira al lado de la brutal verdad. El resultado ha sido una perpetua confusión entre ambas. Con inusitada frecuencia, cada nuevo acto de seducción ha sido visto como un paso hacia la redención, cada promesa, tal vez hermosa pero ineludiblemente falsa, como una conquista inconmovible. Se ha olvidado que la redención absoluta, considerada como conquista absoluta, exige que el hombre se contraste con su propio exterminio.

7.
CIEGAS ESPERANZAS

Prometeo se arroga la fundación del hombre. Antes de su robo del fuego divino y de su donación desinteresada, los hombres, sin poder de la voluntad y, por tanto, sin deseo de destino, vagaban sometidos a las leyes caprichosas de un sueño tiránico. Prometeo, aprisionado en su privilegiado mirador, tiene opiniones crudas y nada bucólicas: ninguna lejana Edad de Oro surge de sus labios sino, más bien, una Edad de la Idiotez, en la que el buen salvaje era una pieza obediente en el engranaje convulso de la naturaleza. Gracias a sus dones, el hombre se rebela contra esta obediencia.

No obstante, la concesión de la memoria y de la adivinación, de la medicina y de las diversas técnicas para transformar su entorno no son suficientes. Lo primordial, lo que introduce una profunda dislocación en la rueda del cosmos, es el sentido de perpetuación y de futuro que permite al hombre forjar una imagen única de su destino. La fundación del hombre es, por tanto, la enunciación de su mito como criatura distinta, separada, capaz, a su antojo, de las mayores creaciones y destrucciones. Pero Prometeo, como expresión del *máximo seductor*, no disimula que promete para engañar. En el momento crucial de la representación, cuando el Corifeo le pregunta por el antídoto que ha utilizado para evitar que los hombres sucumbieran a su miseria, Prometeo confiesa que les insufló *ciegas esperanzas*.

Escuchamos, retumbando una y otra vez, la voz ronca que surge de la gigantesca figura de madera: en esta confesión se resume la esencia de la tragedia griega, la mayor manifestación de seducción del hombre por el hombre que se haya concebido. Todo es admirablemente vano. El gran sacrilegio es perfectamente inútil. Mas, del mismo modo que las efímeras victorias del seductor logran suspender, de manera momentánea, el advenimiento de la derrota definitiva, el gozo del espejismo trágico alcanza a transfigurar la presencia de la certidumbre más glacial.

Así está moldeada la estirpe de los seductores antiguos. Antígona ofreciendo una libertad que jamás ha existido, Edipo buscando un conocimiento que jamás existirá. Un fuego puro que consume a quien lo toca para que sus cenizas puedan esparcirse como átomos de belleza.

8.
CANTOS CREPUSCULARES

Que la guerra afecte también a los dioses es propio de religiones menos crueles y pueblos más sabios. Únicamente ciertos hombres dotados de una refinada capacidad para la crueldad y de una no menos refinada inclinación al sometimiento han podido concebir dioses por completo ajenos a las vicisitudes de la guerra. Imaginar dioses que no luchan, hieren o sufren, dioses que no pueden ser aniquilados por las tormentas azarosas del tiempo es el principal pecado de la mente humana.

Nosotros somos ampliamente culpables de este pecado pues nuestra sangre ha heredado la sangre del más delirante sacrificio: rendirse a aquella voz que clamaba Yo Soy El Que Soy. Un singular hallazgo poético de desdichada hermosura que tan sólo puede ser explicado por el despiadado clima del territorio en que, por primera vez, fue difundido. El Que Es sin duda debe ser atribuido a la luz sin sosiego del desierto, a la aridez de aquellas cumbres pedregosas que hacían imposible todo matiz, al tiempo que invitaban a las más terribles ensoñaciones. La peor de ellas fue engendrar, desde un estado febril de radical abandono, la idea de un principio creador que no sólo se sustraía a las vicisitudes humanas sino que permanecía despóticamente al margen de las convulsiones del mundo.

Ese sensacional *simulacro*, ese dios en el que se contenían todos los poderes sin depender de ninguno, necesariamente comportaba el impulso de muerte, la gran imagen del hundimiento cosmogónico, como único instrumento para acabar con el sufrimiento y la insuficiencia de los hombres. Ese dios abismal por excelencia, fin y principio del universo, contemplador ubicuo de la guerra pero sin jamás padecer sus consecuencias, implicaba, desde que fue invocado y acatado, la más grandiosa voluntad *crepuscular*: el hombre, que no era nada sin él, debía extinguirse si quería llegar a disolverse en su seno.

Nada más lógico que los cantos de sus profetas sean ondas concéntricas en el remolino del fin del mundo.

9.
FILANTROPÍA

En la atmósfera que rodea a Prometeo hay menos esperanza que en los cantos de los profetas crepusculares, pero hay más piedad y, por ello, más sabiduría. En realidad, en la voz ronca del benefactor de los hombres no hay ninguna esperanza, ni siquiera la de disolverse en un dios abismal o la de retornar a aquel mundo de bellos fantasmas que, para su propia consolación, los filósofos atenienses pronto inventarán. El incomparable magnetismo de este escenario tan escueto es que en él está representado el entero universo. Ningún principio creador, ningún demiurgo, ningún arquetipo, ninguna imagen inmutable permanece fuera de él. No hay mirones pertrechados en refugios insuperables ni ideas de inviolable pureza. Todo y todos están inmersos en un caudal vertiginoso de creaciones y catástrofes. Y Prometeo, al unísono frontera y centro de este vértigo, lo sabe y lo proclama.

Ha sido castigado por Zeus por favorecer a los hombres, pero es capaz de ironizar sobre ello porque comprende que, en última instancia, tanto éstos como aquél forman parte de la misma cadena. En el sentido literal: dioses y hombres, como él mismo en su escarpado risco, están encadenados a la violencia, a las efímeras ilusiones de triunfo, a la derrota inevitable. Ésta es la causa de que Prometeo, a pesar de las condiciones de su cautiverio, pueda mantener hasta el final la cabeza alta de su rebelión. Si hubiera creído que *algo* escapaba a las leyes del cosmos, que *alguien* podía situarse fuera del escenario, su arrogancia y su sarcasmo serían imposibles. Pero no es así, pues toda transformación, todo devenir, transcurre forzosamente por un único escenario que no admite excepciones.

En esta ausencia de excepciones, en esta valentía de negarlas se fragua el pequeño resquicio de libertad que puede permitirse el hombre: no es libre, mas ninguna fuerza lo es para impedirle que sueñe con serlo, aunque su sueño le haga sucumbir.

No es un pensamiento extraño a las reglas del juego. También los dioses, esos nombres poderosos que ha pronunciado para mitigar su soledad, deben sucumbir. Otros nombres los sustituirán, al igual que sucede con los hombres. Cuando Prometeo constata apasionadamente las guerras de los dioses, en las que cada vencedor no es sino un futuro vencido, es cuando se convierte en el más genuino filántropo, pues, ¿qué mayor muestra de amistad hacia los hombres que evitar que envidien el destino de sus dioses? Sin envidia, tampoco hay auténtico sometimiento. Y sin sometimiento, la exigencia de emprender un rumbo propio es más imperiosa que el miedo a que tal camino no exista.

10.
NOSTALGIA Y DESTINO

No hay ningún paraíso perdido en las brumas del pasado. Casi todas las mitologías y religiones lo tienen. También la helénica, cuando Prometeo era, en manos de Hesíodo, un ladrón que debía ser castigado por su robo del fuego celeste. Que la Edad de Oro, al igual que en la crónica bíblica, se perdiera por causa de una mujer, Pandora, sólo demuestra que Hesíodo, excelente cronista y clasificador pero tosco poeta, era incapaz de escapar al tradicional prejuicio plebeyo que atribuye la penuria del hombre a la presencia femenina. Esquilo que, acostumbrado a la guerra, sabía que el corazón humano nunca había sobrevivido sin ésta, no podía compartir una justificación tan elemental y, al cabo, tan cobarde.

No lo hizo, como tampoco aceptó la remota existencia de una época áurea presidida por la más completa armonía. Su Prometeo, acuciado por el dolor, no mira atrás, no refleja ninguna *nostalgia*. No podría tenerla porque el pasado no es mejor que el presente o el futuro. El pasado es turbio, rico en discordias bajo el manto extendido por las Furias, y el mismo origen del mundo, lejos de ser el producto de un pulcro Hacedor o de un riguroso Arquitecto, es la consecuencia de un parto monstruoso tutelado por la brutalidad y el azar. No, el pasado nunca fue mejor sino sólo más tenebroso.

Esta constatación posee una onda expansiva milenaria que todavía hoy nos afecta. La falta de *nostalgia* de Prometeo es un auténtico punto de partida, una apremiante invitación a dar el salto hacia delante, incluso intuyendo el riesgo de que este salto se efectúe en el vacío. El desprecio de la tradicional actitud nostálgica significa la refutación de una armonía anterior, de una justicia previa, de un principio superior. Prometeo exige al hombre que reconozca su plena soledad en el seno del caos pero, a cambio, en lugar de moverle a la añoranza del paraíso perdido, le ofrece un sueño de libertad que, no por ambiguo, es menos tentador.

Por eso, Prometeo es la tragedia.

11.
LA INOCENCIA DE EDIPO

Nunca se admirará suficientemente la valentía descarnada de aquellos oscuros griegos que fraguaron la tragedia. Por el dolor a la sabiduría: atreverse a hacer caminar al hombre, sin mirar atrás, por el filo de la navaja, es un propósito estremecedor sólo comparable al de aquellos ávidos descubridores que, al quemar sus naves, querían asegurarse contra cualquier retroceso.

Ayax, enloquecido por la *hybris* funesta, lanzándose contra la punta de su espada, o Edipo arrancándose los ojos tras el penoso trance del autoconocimiento: en ninguno de los dos casos hay culpabilidad real pero, tampoco, retroceso posible. Pues no tiene ningún sentido tratar de recomponer el orden del pasado. ¿Acaso, jamás, ha existido este orden? ¿Existía cuando Edipo era el vencedor del enigma de la Esfinge, el hombre sabio, el rey prudente, el esposo feliz? Tampoco entonces, como es sabido. La apariencia de orden ocultaba el más profundo desorden.

La tragedia indica al hombre que no hay retroceso ni nostalgia, sino sólo la posibilidad de gritarse un ¡adelante! que arrostrando todos los riesgos, empezando por la propia destrucción, sea capaz de embriagarlo con una imagen más elevada de sí mismo. Por «el dolor a la sabiduría» no es otra cosa que el reclamo de la acción. De ahí la magnífica paradoja de Prometeo: desde esa figura de madera confundida con la roca en total inmovilidad truena una voz que exige una acción continua. Al universo, a los dioses, al hombre. El mundo no puede detenerse para retornar a una inexistente perfección. En él no hay arrepentimiento ni redención sino únicamente desafío.

La representación debe llegar a su final en el fragor de este aliento supremo. A punto de hundirse en el caos, Prometeo escupe su último reto. También Zeus se hundirá porque ningún orden es inmutable sino que, por el contrario, todo está en perpetua mutación del mismo modo en que todo poder está sometido a la inminencia del sacrilegio.

La *posibilidad de sacrilegio* es lo que hace soñar al hombre un momento de libertad.

12.
LA ESENCIA DEL ARTE

Nuestra cultura espectral debe mucho a esta creación de frontera, a este modo de entender al hombre como aventurero que se afana en tender puentes sobre el vacío desconociendo si llegará jamás a la otra orilla. O, tal vez, sabiendo de antemano que no la alcanzará, pero excitándose con la idea misma de la construcción. Le debe parte de su estigma y, sin ella, apenas sería posible comprender la portentosa estela de maravillas y desastres que la incitación sacrílega ha dejado tras de sí.

Y, sin embargo, Prometeo y su tragedia—sería más justo hablar, desde un principio, de tragicomedia—es tan sólo eso que llamamos una *obra de arte*. Una representación, por tanto. Una simulación. Unos hombres han simulado unas imágenes del mundo y de sí mismos para que los espectadores, a su vez convertidos en simuladores, las hayan asumido y propagado a través de un eco interminable. No se identifica un ápice de verdad en todo el proceso, del mismo modo que sería absurdo tratar de identificar el sonido originario. Sólo contamos con la resonancia, con el eco. En realidad, Esquilo mismo no hizo más que reproducirlo. La soledad, el terror y el desafío procedían de la noche de los tiempos.

13.
LO PERVERSO

Siempre hemos estado en manos de simuladores, y lo aceptamos porque nosotros también lo somos. La cuestión no estriba, pues, en una pugna entre veracidad y simulación, sino en la potencia que ésta demuestra para imponerse. Los grandes intérpretes de la simulación son, precisamente, aquéllos capaces de transformar el murmullo del eco en una música poderosa.

Juan de Patmos es el otro gran intérprete en que se funda este relato. El antagonista por excelencia del soldado de Maratón, por el hecho incuestionable de que su extraordinario poema es el adversario más feroz del poema prometeico. Redención contra seducción, sumisión contra sacrilegio, revelación contra tragedia. Dos modos furiosamente contrarios de interpretar el lamento nacido del espanto humano. Dos músicas igualmente poderosas destinadas a enfrentarse en una lucha sin cuartel y que, no obstante, mediante una milagrosa cópula contranatura, han entremezclado sus notas en una única e inquietante sinfonía. ¿Cómo ha podido realizarse tal cópula? Se argüirán, otra vez, razones políticas, religiosas, filosóficas. Pero esos argumentos no contemplan el aspecto auténticamente *perverso* y, por tanto, decisivo de la unión. La razón es más superficial, pues es estética, y más profunda: brota de un goce singular por explorar la frontera de la condición humana o, lo que es lo mismo, de una insuperable aversión a la naturaleza instintiva del hombre.

A esa abstracción que comporta la más despiadada purificación del instinto se le ha llamado reino de perfección.

14.
UN MAESTRO DEL SUSPENSE

El libro de Juan de Patmos es la obra maestra del *suspense*. Su habilidad para crear un clima de tortura psicológica, su dominio de las técnicas de la amenaza y el castigo, su audacia en la expresión del placer masoquista de la humillación resultan evidentemente insuperables. Tras la máscara de este supuesto visionario se esconde el rostro del mejor escritor «negro» de la historia de la literatura. Sus méritos, a este respecto, son muchos: el crimen hacia el que nos conduce es el más grandioso jamás concebido, los medios que utiliza son los más abrumadores y el motivo que aduce es el más sobrecogedor.

Para probar esta aptitud sobresaliente basta prestar atención al *modo*, notablemente más sofisticado que el de sus maestros bíblicos, con que Juan planifica la aniquilación de la humanidad. Isaías, Jeremías o Ezequiel son, es verdad, magníficos artífices del terror, pero ninguno de ellos, ni por supuesto ninguno de los demás profetas, alcanza las cotas de exactitud, de meticulosidad y dosificación logradas en su libro por Juan. Es probable que también aquí nos encontremos, sencillamente, ante un problema *artístico*.

Los profetas bíblicos, hombres indudablemente superdotados para la violencia dramática, no eran, sin embargo, auténticos poetas. Orgullosos de su voz determinante, no tenían todavía el orgullo enrevesado y puntilloso del poeta. Ese Juan de Patmos, que se propuso escribir su personal revelación inspirándose en tantas otras anteriores, sí lo tenía. Fuera por su conocimiento de los griegos o por cualquier otra causa, lo cierto es que lo tenía. Y lo puso al servicio de su temible *ideal*.

15.
UNA OBRA MAESTRA DEL SUSPENSE

El fin del mundo no debe ser un acontecimiento breve, un instante de destrucción universal que evite a los hombres la posibilidad de una torturante agonía. Un ocaso súbito no tendría ningún valor ejemplar ni permitiría ningún goce a quien lo concibe. Por el contrario, es el estricto sentido de la *agonía* lo que le da relevancia. El fin del mundo debe ser un crepúsculo lento, lentísimo, en el que puedan reconocerse de la manera más palpable las sucesivas heridas que mutilan el gran cuerpo antes de su corrupción definitiva.

Juan, el *artista* de los profetas crepusculares, está en condiciones de seguir este principio hasta la más perfecta representación. Hay una calculada precisión matemática en su plan: tres círculos concéntricos de siete plagas arrastrarán a la humanidad hacia el vértice del torbellino. Siete sellos, siete trompetas, siete copas derramadas. Casi un mecanismo de relojería para determinar el tiempo fijado por el Destructor. Pero este tiempo no transcurre con igual intensidad pues el *artista* sabe que ello iría en detrimento de la emoción. El tiempo destructivo se intensifica gradualmente, como una tenaza cuya presión estrangulara con imperceptible regularidad. Sin embargo, también, en ocasiones, se amortigua o, incluso, se detiene.

La apertura de los cuatro primeros sellos, con la irrupción de los correspondientes jinetes, persigue provocar un paulatino ambiente de angustia. La sombra del hambre y de la guerra se extiende sobre la tierra como el certero presagio del próximo final. Se trata sólo de una amenaza potencial, no efectiva, a pesar de que al cuarto jinete, la muerte que cabalga sobre el caballo bayo, se le otorga ya el poder de destruir a la cuarta parte de la humanidad. Es elocuente lo que ocurre con la rotura del quinto sello. Se esperaría una rápida marcha hacia el desenlace pero, en lugar de ello, con un hábil cambio de escena, el poeta prefiere mostrarnos el canto de odio de los santos que, desde el cielo, claman venganza, y su posterior consuelo, al saber que serán escuchados.

Este canto ilumina el ritmo y la intención de los acontecimientos ulteriores pues tampoco la venganza puede, sin perder eficacia, desarrollarse abruptamente, sino a través de una aplicación bien meditada y dosificada. Se trata, como es obvio, de saborear la venganza. De ahí que, rasgado el sexto sello, no sea el hombre el directo damnificado. El objetivo es empujarle al límite del terror sensorial mediante la límpida visión—es todavía visión—del cataclismo. Huyendo de ella, huyendo del sol entenebrecido y de la luna ensangrentada, deberá refugiarse en la ceguera de las grutas. Cercenados los sentidos, la indefensión resulta ya absoluta. No parece necesario retrasar el Gran Día de la Ira.

Pero el gran maestro del *suspense* lo hace. Con el séptimo sello todo se detiene. Durante una pausa de suprema incertidumbre reinan el silencio y la quietud mientras, en un macabro contraste, es puesto a salvaguarda el pueblo elegido. Quizá durante ese mismo período, los castigados, los acorralados, abrigan la esperanza de la clemencia. Nada más equivocado. De pronto, la visión maldita que les ha arrojado a las cavernas se convierte en música maldita. Siete ángeles hacen sonar sus siete trompetas, dando paso a un nuevo ciclo de horror que se distingue del anterior por cuanto ya no es fundamentalmente psicológico, sino que conlleva una destructividad física. Devastada por completo una tercera parte de la naturaleza tras el sonido de las cuatro primeras trompetas, el poeta nos prepara para un importante *crescendo*.

El triple lamento de un águila que cruza el firmamento anuncia el contenido funesto de los tres sones que aún faltan. Y, efectivamente, los hechos se precipitan en un grave recrudecimiento del terror que nos es presentado como un espectacular ejercicio de *imaginación poética*. Quizá en ningún lugar del libro hay tanta delectación, tanta *autosatisfacción de poeta*, como en el paisaje de tortura esparcido por el quinto solista del cielo, cuando el Ángel del Abismo, conduciendo su ejército monstruoso, atormenta a los hombres por espacio de cinco meses, sin intención de matar, sino de sembrar, en el terreno abonado de una humanidad impotente, la semilla de la desesperación.

La impresión conseguida por esta escena es tan espeluznante que apenas nos afecta la muerte súbita de una tercera parte de los hombres en la escena siguiente. La tortura es más poderosa que la muerte y Juan, consciente de ello, impone una nueva pausa. Con el sonido de la séptima trompeta se dará cumplimiento al fin del mundo. Pero tras tanto horror acumulado se corre el riesgo de una cierta dilución de la carga dramática. Por eso, ahora el universo debe escuchar un solo prolongado, cada vez más estridente, cada vez más *vivace*, que se mantenga hasta que las siete copas llenas de la ira de Dios sean derramadas sobre la tierra para alcanzar la consumación definitiva del tiempo.

El último movimiento del Apocalipsis debe ser el más grave y, asimismo, el más satisfactorio. No es de extrañar, pues, que en este ciclo final se dé oportunidad a santos y elegidos para que participen directamente en la persecución y muerte de sus enemigos. A cada grito de dolor en la tierra le corresponde una exclamación de júbilo en el cielo. A pesar de todo, ello no es suficiente para dar satisfacción a tanta capacidad de odio y a tanto anhelo de venganza. La guerra, la victoria y el saqueo son las últimas y vibrantes notas de un *allegro* que llega al paroxismo entre el escalofriante sufrimiento de los condenados y la regocijada saña de sus verdugos.

El final es feliz: exterminada la humanidad, y con ella el mundo, la nueva Jerusalén resplandece en la bonanza imperturbable de la vida eterna.

16.
UN MONUMENTO A LA NOSTALGIA

Esta obra admirable, que entraría de lleno en el campo de la patología si nosotros no nos la hubiéramos apropiado para el de la estética, es decir, para sentirnos conmovidos por ella, es, por encima de todo, un *monumento a la nostalgia*. Un monumento culminante, máxima expresión de la enérgica vocación nostálgica puesta de manifiesto, con éxito portentoso, por los profetas crepusculares. El carácter sobresaliente de este hecho radica en el alcance de la mirada retrospectiva que, lejos de limitarse a la evocación de un paraíso perdido, posee el fuego de una añoranza mucho más extrema.

Esta nostalgia, superior a todas las demás, es la nostalgia del *no ser* o, lo que es lo mismo, de desvanecerse en el único que Es. Sin embargo, la rotundidad inaudita de este anhelo sólo se comprenderá en la medida que no se identifique con el deseo, puesto de relieve por tantas religiones y filosofías naturalistas, de retornar a la tierra o, en un sentido más amplio, al universo. Ésta es una idea ridículamente ingenua y amable al lado de la dimensión auténticamente demoníaca de la nostalgia apocalíptica, en la cual la única voluntad que prevalece es la de *no ser*, la de someterse a aquel principio creador que no es *cuerpo* ni *mundo* y, al margen por completo de ellos, sólo Es.

El que la mente humana haya podido llegar a esta invención sublime y siniestra—la más sublime y siniestra, sin duda—tal vez deba atribuirse a un momento particularmente enfermizo de su impotencia y desesperación, pero lo cierto es que, cuando una vez asumida tal invención *se convierte en voluntad,* ya no cabe más que un camino: reducir a cenizas al mundo.

17.
LA PASIÓN MÁS PODEROSA

Dicho con otras palabras: *la voluntad de fin del mundo* es la única pasión coherente en aquel que acata, hasta las últimas consecuencias, la fórmula Yo Soy El Que Soy, pues está claro que alcanzar el fin es la genuina manera de aliviar la añoranza insuperable del principio. Alfa y Omega, principio y fin.

Y no se puede negar que Juan de Patmos detenta esta pasión por sí mismo, aunque como poeta que se atribuye también la figura del profeta es lo suficientemente avispado como para simular ser un sujeto pasivo de la revelación divina. Ahora bien, ¿esta pasión primordial justifica las diversas pasiones particulares de las que hace alarde en su obra? El odio, la venganza, la complacencia morbosa en la tortura. Indiscutiblemente sí. Es lógico que la nostalgia infinita de *no ser* insufle, en quien la posee, un irrefrenable sentimiento de rechazo de todo obstáculo que le impida dar rienda suelta a su deseo de desvanecerse, y, como en tal caso el obstáculo es el mundo entero, nada más natural que su ambición negadora adquiera dimensiones absolutas.

Si esta tarea fuera fácil, sin grandes resistencias corporales o materiales, quizá podría asimilarse a una «espiritualidad» pura, mas como, por el contrario, la resistencia sensorial es casi insalvable, entonces la actitud espiritual incorpora, por necesidad, el odio y la venganza. Negar el cuerpo, negar el mundo, se convierte, paradójicamente, en un ejercicio de exuberancia sensitiva a través del cual el negador, aunque sea con una perspectiva invertida, se adentra en vericuetos de la corporeidad cuya carga morbosa excede, con mucho, lo vislumbrado desde cualquier otra actitud.

18.
EL OLOR DE LA SANGRE

El odio y la venganza contra los sentidos desatan la sensualidad compleja y maligna del criminal. Y, también en este aspecto, Juan de Patmos demuestra ser el escritor «negro» por antonomasia, capaz de dar a su narración los más variados ingredientes de intriga y delectación. Sus imágenes, nada espirituales por supuesto, crean una atmósfera de complacencia sensual en la que las ensoñaciones aberrantes deben atribuirse al inconfesable placer que provoca la destrucción de los cuerpos.

Juan echa mano, para este propósito, de la riquísima tradición de los profetas crepusculares, maestros, la mayoría, en este tipo de erotismo que, por otro lado, tanto contrasta con la austeridad y sencillez del cantado en los poemas homéricos. Y es tan incisivo y brillante como los mejores de sus antecesores.

¿No iguala, como mínimo, a su inspirador Ezequiel, cuando, mediante un ángel puesto de pie sobre el sol, convoca a las aves rapaces al gran festín de Dios para devorar la carne de todos los hombres, libres o esclavos, ante la mirada regocijada de los santos? ¿No es superior a todos los otros cantores de masacres cuando describe el hundimiento de Babilonia, es decir, de Roma, como el excelso momento en que quedarán por fin silenciados los sonidos de los músicos y las voces de los amantes?

La imaginación poética, puesta al servicio del odio y

la venganza contra el hombre, proporciona una fulgurante belleza sensual: el olor de la sangre atrae irresistiblemente al depredador.

19.
EL GRAN CASTIGO

El que el poema de Juan haya sido uno de los éxitos más celebrados por nuestra cultura durante siglos demuestra que, aunque pueda ser calificado de perverso, existe un auténtico *placer apocalíptico* sin el cual ciertos hombres—nosotros—no podrían subsistir. ¿Es, acaso, demasiado insoportable que un placer humano se fundamente en la agresión absoluta contra la condición humana? No debe serlo, a buen seguro, si nos atenemos a la fría naturalidad con que ha sido asumido a lo largo de tantas generaciones.

La imagen tanática y placentera del *gran castigo* emerge necesariamente cuando la imperfección del hombre, en lugar de ser incorporada al juego caótico y azaroso de la existencia, es denunciada en relación a un poder perfecto y esencial. La culpa es, entonces, *exclusivamente* del hombre y sólo el castigo, el *gran castigo*, reproducirá el equilibrio original. Sin embargo, hay una extraordinaria posibilidad de goce en esta visión: aceptar de antemano la culpabilidad y el castigo, darse a la expiación mediante el sacrificio para, una vez obtenida la privilegiada conciencia de víctima, desenmascarar a los impenitentes culpables. El goce del mártir está tanto en su sueño de redención como en su anhelo de venganza.

Por eso el *Apocalipsis*, una obra escrita desde *el punto de vista* del mártir, pone tan de relieve uno y otro. El Cordero, el gran redentor cuya crucifixión ha sido la imagen máxima del sacrificio, y la Bestia, que no es el

Imperio romano ni el paganismo, ni ninguna religión o filosofía, sino, como intuye—aun desconociéndolo—muy precisamente el autor, aquel que «seduce a los habitantes de la tierra», el gran seductor, Prometeo. Es decir, la invitación a un sacrilegio que no admite la culpa, a una esperanza improbable, a una voluntad que yerra en el azar.

Es asombroso que nuestra mirada se haya dirigido simultáneamente hacia estos dos reos tan distintos entre sí. El seductor y el redentor, el que nos quiere eximir de la culpa y el que implacablemente nos la recuerda, el negador de la nostalgia y el que la lleva a su mayor exaltación. El que nos habla *desde* el fin del mundo y el que nos habla *hacia* el fin del mundo.

Quizá, enigmáticamente, sus voces se han confundido para ocultarnos la exacta situación de la frontera.

20.
ESTIGMA

Entre el alba prometeica y el ocaso apocalíptico: así, siempre oteando la frontera, cumple su jornada esta cultura incapaz de vivir sin ensoñaciones espectrales. Así ha alimentado con fervor su propio *estigma*, convirtiéndolo en arte para la belleza y para la destrucción, grandes arquitecturas del espíritu como vestigios irónicos de su embrujo por la muerte.

No deja de ser llamativo el sentido de tal jornada cuyos impulsos aparecen marcados por la tensión de un tiempo esquizofrénico, roto, casi, en mareas opuestas que arrastran sea hacia un incierto futuro, sea hacia un origen difuso.

Construid, malditos, escalas al cielo, aunque finalmente os hundáis. O, si lo preferís, hundíos de inmediato porque de este modo soñaréis en la resurrección.

Un tiempo acuciante que impele a la continua exploración y, como ritmo simétrico e inverso, un tiempo obsesivo que exige el retorno. Y, sometido a ambos, el hombre tratando denodadamente de hendir el bisturí en el voluble tejido de la eternidad.

21.
CUERPOS YA NO HUMANOS

Tenemos, incorporada para siempre en nuestra retina, una imagen magnífica de este hombre blandiendo el bisturí—el cincel, el pincel—contra la burla de la eternidad. Lo vemos viejo, cansado, luchando con desesperada alegría entre aludes de angustia y orgullo. Y lo reconocemos como nuestro prototipo de artista porque, al ser el más ambicioso y el más terrible, encarna al *habitante ideal* de ese tiempo quebrado por el deseo y la nostalgia.

¿Hacia dónde ha dirigido su bisturí este hombre en los años culminantes de su vida de artista? Aparentemente su propósito ha sido abrir la carne del mundo para dejar al descubierto las entrañas del terror. Lo ha hecho con «felicidad prometeica» como él mismo, seguro de sus fuerzas, afirma, pero el resultado es desmesurado y sobrecogedor. Un gigantesco remolino de figuras en el que, sin embargo, no se adivina la presencia de cuerpo humano alguno. Esos cuerpos supuestamente humanos *ya* no son representaciones del hombre, sino amasijos de vísceras que afloran de un subsuelo de angustia para tomar la apariencia de fantasmas en un paisaje sobrenatural.

O quizá sí, quizá todavía hay una auténtica presencia humana en medio del maravilloso caos de nervios y músculos: esa *faccia di spavento* que emerge, palpable y cercana, de la atroz pelleja sostenida por san Bartolomé.

22.
LA CAÍDA

El Juicio Final: el artista prometeico, por excelencia, Miguel Ángel, representa el último movimiento de la sinfonía apocalíptica mediante un juego de masas anatómicas alrededor del Juez Implacable. También aquí, como en el poema de Juan de Patmos, los mártires expresan su odio pidiendo venganza; también aquí son complacidos con la condena de sus adversarios. La oscura atracción del *gran castigo* se manifiesta en todo su esplendor como la otra cara, justamente inevitable, del desafío creador. Pero Miguel Ángel no se siente solamente atraído, sino que, con una extraordinaria intuición para asumir el estigma heredado, se siente *partícipe* del castigo.

El punto de vista ha cambiado drásticamente. En la obra de Juan es el del mártir, el del hombre que ha sacrificado su existencia, es decir, su humanidad, para alcanzar la salvación en el *no ser*. En la de Miguel Ángel, por el contrario, es el del condenado, el del hombre que ha buscado tenazmente la perfección en la tierra y que, por tanto, como desenlace de su desafío, sólo puede esperar, al igual que el titán encadenado en el Cáucaso, su hundimiento final.

Miguel Ángel, a pesar de sus esfuerzos religiosos y, aun, místicos, no puede cambiar de bando porque está demasiado *comprometido* con su pasión prometeica. Como artista, sobre todo como escultor que ha luchado furiosamente con la materia, ha apostado demasiado fuerte para poder hacer marcha atrás. Aunque expresa el más sincero desasosiego no logra arrancarse la conciencia de condenado. Por eso le fascina la imagen de la caída. Faetón, Ícaro, Dédalo: hay una indudable voluptuosidad en el ascenso, pero ¿puede negarse ese *otro* placer de la imaginación en el que se presupone la inminencia de la caída?

23.
EL ALMA DE LA PIEDRA

El artista prometeico necesita imaginar la caída porque en ésta encuentra la plena justificación de su reto. Al conceder un valor absoluto al arte—una *ciega esperanza* en la salvación por la belleza—, inevitablemente se desliza hacia una conciencia apocalíptica en la que su fracaso, previsto desde un principio en el fondo de su corazón, adquiere forma de energía trágica: la suprema consolación de anticiparse a la derrota en su duelo con la muerte.

No podríamos encontrar un jugador más audaz que Miguel Ángel. Reúne las mejores condiciones porque sabe ser todo fuego y, al unísono, todo hielo. Es un luchador nato, agresivo, casi rudo, pero también es frío, cerebral, fiel al predominio de la mente. La belleza es puramente intelectual, las formas perfectas yacen en un universo ingrávido. Nadie, entre las huestes platónicas, se ha atrevido a defenderlo tan rotundamente: *lo bello es espectral*. Nadie, por supuesto, que al mismo tiempo haya dedicado su vida a la posesión terrestre de lo bello.

Ahí está asentada la más hermosa paradoja y desde ella desciende el artista a la palestra imposible. Ahora ya todo es únicamente lucha. La mano contra el mármol, la voluntad contra el temor al propio espejismo. Abrir la piedra, arrancarle su piel y su carne para buscar el alma. La misión del escultor es rescatar el *alma de la piedra*. En ella está el alma del mundo.

24.
LA ESTATUA DE CARRARA

Rescatar apasionadamente lo que sólo existe en el glacial horizonte de los espectros, conducir al arte hacia la transgresión de sus propios límites: ése es el sentido de la *terribilità*, del estado permanente de guerra en que se encuentra el artista. Como David, no representado en la laxitud posterior a la victoria sino en la vigilancia anterior a la batalla.

Como Moisés, el profeta, el conductor de hombres, el albacea de la ley de Dios, expuesto en el momento supremo de la soledad, lejos ya de la voz de Jehová, ajeno a los hombres. Entre uno y otros, poseedor de la revelación divina y espectador inminente de la vacuidad de difundirla, Moisés refleja la situación del artista cuya intuición de la belleza choca con la convicción de que ésta jamás podrá ser materializada en su obra. De esta encrucijada parten únicamente dos senderos: la renuncia al arte o el «salto hacia delante»—la vieja temeridad que resuena en los escenarios griegos—, la aventura sin retorno por la que un hombre trata de hacer posible lo que reconoce como imposible y perfecto lo que es, en sí, imperfecto.

Nada tiene de extraño que la obra maestra de Miguel Ángel, quien no logró renunciar al arte pese a sus insistentes tentativas, nunca saliera de su mente. Aquella inmensa estatua, liberada directamente del seno de la montaña, que la fiebre de los meses solitarios en Carrara dibuja en su espíritu, es el mayor de los proyectos inalcanzables en una vida surcada de proyectos inalcanzados. Pero es también su mayor triunfo: la imagen soñada de la perfección.

25.
HYBRIS

El artista es el rival de Dios, a quien, de acuerdo con su misión, odia y necesita. Quiere destronarlo, como Prometeo a Zeus, porque efectivamente tiene la voluntad de usurpar su poder, pero le es imprescindible como contrafigura tiránica de su fracaso. Esa dependencia enfermiza que en ningún momento, hasta hoy, ha sido *enteramente* superada tiene su origen en la extraordinaria fuerza de la nostalgia cantada por los profetas crepusculares. El «artista como Dios», el activista prometeico, no logra emanciparse del «Dios como artista» bíblico. A lo sumo emula su labor genética, atribuyéndose el papel de creador de mundos. Pero no puede emular su labor apocalíptica. Y no lo hace porque, en definitiva, allí donde empieza a palidecer la creación del ser empieza también la tentadora sombra del no ser. Allí donde se enturbia el deseo de perfección irrumpe, con sobrecogedora naturalidad, la nostalgia de la nada.

Tendríamos que imaginar la Capilla Sixtina de modo que *El Génesis* y *El Juicio Final*, frente a frente, sin más compañía, fuera el teatro ideal de esta rivalidad y de esta complicidad. Por el primero, el artista se apropia de la función generadora, a pesar de que la ligerísima distancia entre los dedos de Jehová y Adán, entre creador y criatura, abra un interrogante sobre el destino de su obra. Por el segundo, sin embargo, sucumbe ante la tenebrosa belleza del Dios del Juicio y del Castigo. La *hybris* de Miguel Ángel queda compensada por la evocación de la caída.

26.
GEOMETRÍA Y FE

Se ha querido otorgar a Dante el papel de maestro del horror, culminación espectacular de un mundo, como el medieval, lleno de horrores. Mas eso no es cierto. Dante, excelente lector del poema de Juan de Patmos, es tan *geométrico* que resulta, casi, tranquilizador. Basta dejarse deslizar por sus tres reinos, tan meticulosamente construidos, para comprender que todo está en su sitio y que, por fin, Dios puede encontrarse satisfecho de su labor como artista. Ha adelantado mucho, desde luego, con la obra que ha puesto en sus manos este culto florentino si la compara con aquella otra, tosca y apasionada, que le atribuyeron los rudos hebreos. Una obra perfecta, sin improvisaciones, sobre la que detenta todo el poder. Eso provoca alucinación o rechazo, pero no horror. Al menos, no el mayor horror.

El mayor horror sólo empieza a hacerse sentir cuando el paisaje del Apocalipsis se mira con los *ojos*, y desde la posición, de Prometeo. Sólo entonces se rompe la línea nítida que separa salvación y condenación, propagándose el sentimiento de que, no pudiendo escapar al bando de los condenados, el hombre necesita forzar continuamente su condición para fomentarse el hechizo de creerse a salvo. Mientras aceptaba la rígida línea de demarcación podía entonar el *Dies Irae*, esa pieza singular de la poesía inhumana con la que el franciscano Tomás de Celano consiguió el más perdurable monumento a la fe, con la convicción de dirigirse a *alguien* y con la esperanza, aunque fuera débil, de pertenecer a los elegidos. Pero cuando se resquebraja la geografía de la redención y el castigo, cuando estalla en pedazos la obra perfecta regalada por Dante al Dios artista, entonces el *Dies Irae* se convierte en un cántico incrustado en el corazón humano, un cántico que no puede elevarse hacia nadie ni hacia nada porque, en definitiva, el hombre no sabe hacia *quien* dirigirlo si no es hacia sí mismo.

El mayor horror nace de ese Apocalipsis que se hace interior. Y que no puede ser liberado, más allá de las membranas del alma, hacia regiones y poderes sobrenaturales. Para ese horror, quizá en ocasiones intangible pero siempre invencible, le queda el heroico oficio del *funámbulo*: conocer, experimentar, cruzar la cuerda todas las veces que lo exija la función, sin olvidar nunca que el vacío es la única compañía que, tarde o temprano, lo acogerá en su seno.

Miguel Ángel anhela tener la fe terrible de Dante, pero su oficio es ya el del *funámbulo*. De ahí su desasosiego y su grandeza.

27.
FUNÁMBULO

De inmediato puede salir a escena el más reputado funámbulo. Está dispuesto a someterse a la cuerda floja cuantas veces sea necesario y, además, a apostar fuerte para que su vida sea una continua travesía. Esa figura venerable y cínica a un tiempo, cuyas bravuconadas acaban siempre tiñéndose de dolor es, a buen seguro, el más versátil exponente de la tragicomedia que se viene representando en los escenarios de la cultura espectral. Es un personaje que, aunque está insinuándose desde hace tiempo, se presenta en sociedad en el momento justo. Cuando el mundo de Dante se ha desmoronado y, con él, el crédito de Dios como artista. Cuando, en la *faccia di spavento* de la pelleja inmersa en el torbellino del Juicio Final, Miguel Ángel ha pintado con toda intensidad la conciencia del condenado. Cuando el hombre, con un gesto de atrevimiento irreversible, ha oteado el horizonte del Apocalipsis con los ojos de Prometeo y, luego, volviendo la mirada hacia su interior, ha comprobado su soledad sin remedio.

Naturalmente, éste es un personaje sin *fe*. No cree, al menos convincentemente, ni en la seducción de Prometeo ni en la redención del Cordero. Pero, en cierto modo, participa de ambas al estar dispuesto a renunciar a la segunda con tal de dejarse embriagar por la primera. Para ello suplirá la falta de fe con la *droga* de la acción—esa receta instaurada por el titán encadenado—. Conocer, experimentar, transformar, desafiando la cercana caída: Fausto.

28.
GLADIADORES CELESTES

Fausto nace en el momento justo y su sombra es tan poderosa que se proyecta en los siglos posteriores hasta alcanzarnos con toda su eficacia. Es también, al igual que el lejano Prometeo, un hijo del arte y, en consecuencia, de la simulación. Lo importante, entonces, es preguntarnos por qué, llegado a un determinado punto, el hombre necesita echar mano de esta simulación, necesita engendrar esta criatura para, al subirla al escenario, reconocerse en ella.

Hay una circunstancia que ilumina el carácter distinto de esta figura. Fausto, ya en sus primeros escarceos, pero mucho más a medida que avanza hacia su madurez artística, es una criatura sin auténticos referentes. Es, quizá, el primer personaje de gran envergadura de nuestro relato que no los tiene, y eso contribuye a adornarlo con un cierto aire de cinismo. La tragedia griega tenía sus dioses y, en la costa opuesta, el dios hebraico tenía sus profetas. Luego, durante siglos, la *invocación del cielo* es el cántico fundamental, incluso para aquellos opositores que quieren usurparlo: esos cazadores que, como Acteón tras Diana, corren a la caza de la divinidad todavía pueden violentar sus pensamientos y creer en el cielo. Así debemos recordar tiernamente a todos esos humanistas que veían llegada la hora de la conciliación y, también, a aquellos otros, furiosos heroicos, que no se conforman sino es con la *capitulación de las alturas*.

Pero Fausto, que irrumpe en la gran época de estos

gladiadores celestes, lleva consigo el marchamo de la contradicción entre su ambición y su escepticismo. Es un seguidor de Prometeo; sin embargo, de su maestro, ha escuchado con particular detenimiento la alusión a las *ciegas esperanzas* infundidas en el hombre. De ahí que no reclame ni un paraíso ni una eternidad. Sólo un determinado tiempo de plenitud. Largo o corto como su vida.

29.
TRAVESÍA DEL FUNÁMBULO

Entre su primera noche de gala, guiado por el inteligente y tabernario Marlowe, y su más apoteósica exhibición, bajo la batuta del astuto Goethe, Fausto ha recorrido el camino suficiente como para advertir que su escepticismo está plenamente justificado. En ese tiempo, definitivamente demolida la paternal silueta del Dios Artista, ha aprendido a observar con inquietud los infinitos escombros a los que ha sido reducida su obra. También ha aprendido a burlarse de los esfuerzos que, entre tales escombros, ha hecho el hombre para disfrazarse de dios. El panorama no es halagüeño: sin Zeus a quien desafiar, sin Yahvé a quien acatar, el hombre corre el peligro de languidecer en un mundo desprovisto de coordenadas.

Fausto, que también siente sobre sí, y en el más alto grado, el peligro de la abulia espiritual, está dispuesto a pactar con el demonio. Ahí tenemos la respuesta del por qué es engendrado: Fausto es la simulación preferida del hombre moderno porque, con él, inventa el *infierno moderno*.

30.
EL LUGAR DEL INFIERNO

Ante su sanguíneo público isabelino, Marlowe guarda todavía ciertas formas. Cuando introduce a su héroe en los secretos del universo se conforma con mostrarle una hermosa geometría que aún nos recuerda a la de Dante. ¡Es difícil echar por la borda, de repente, este cosmos perfecto con sus maravillosas esferas concéntricas y su inmutable *Primum Mobile*! Cuando le condena, como lógico castigo a la desmesura de su pasión, también echa mano de un fin tradicional que permite a Fausto, mediante una bellísima invocación, rememorar la caída infernal a la que se está encaminando.

Pero éste no es el único infierno vislumbrado por Fausto. Hay otro, mucho más apremiante, que no ocupa ningún espacio concreto y para el que no hace falta esperar al castigo divino. «El infierno está donde nosotros estamos», le dice Mefistófeles. Antes, el propio Fausto ha declarado fríamente no tener otro dios que su ambición. Ambas afirmaciones son fundamentales porque socavan la milenaria orografía del bien y del mal. Ya no hay una cima celeste y una sima infernal, ya no hay la visión vertical que separa el reino de los bienaventurados de la fosa de los condenados. Fausto asiste al *cambio de escena*, y en el nuevo decorado, ni Prometeo podría desafiar al señor de las alturas, ni Yahvé podría hundir en las cloacas del mundo a sus adversarios. Infierno y cielo empiezan a ser demasiado terrestres para que prevalezcan las antiguas coordenadas. Gracias a ello, el hombre puede sentirse más poderoso que nunca a costa de sentirse, asimismo, más solo.

Esa sangre fáustica, loca de mundo, se irá acostumbrando al valor del conocimiento: un mirador, cada vez más elevado, desde el que experimentar, cada vez con mayor intensidad, el *horror vacui*.

31.
EN EL PRINCIPIO FUE LA ACCIÓN

Cuando, con Goethe, Fausto debe presentarse ante el melancólico y crispado público romántico, el nuevo infierno que se ha ido conformando durante sus prolongados devaneos por los *guignols* centroeuropeos aparece plenamente cristalizado. Ahora Fausto sabe a la perfección *quién* es Mefistófeles. O lo sabe, al menos, en igual medida a lo que se conoce él mismo.

Mefistófeles no es un ser sobrenatural, ni siquiera un ser extraño. Mefistófeles es Fausto. La contrafigura espiritual necesaria de quien ya no aspira a salvarse, pues sabe de antemano que está condenado, sino que, como declara ante el Espíritu de la Tierra, pretende responder al reclamo de toda experiencia y beber en la fuente de toda existencia. Fausto quiere vivir lo que hay de universal en la vida con un supremo acto de afirmación de la soberanía terrestre. Sin embargo, para intentarlo le es indispensable asimilar también el más alto sentido de la negación, no como debilidad nihilista sino como estímulo permanente de la acción. No importan la tiniebla, la destrucción o la muerte si en ellas se puede hallar el acicate para la acción, pues en definitiva ésta es lo único que cuenta. *En el principio fue la acción.*

Mefistófeles, «el que siempre niega», es la condición para que actúe Fausto. Es cierto que su elemento propio, como afirma solemnemente, es el mal y la destrucción, y que, en su boca, todo lo que ha surgido en el mundo es digno de ser aniquilado. Un apóstol de la nada. Pero

¿acaso Fausto no incurre también en este apostolado cuando se vuelca desaforadamente en la tarea de conocer y crear? El límite que excite la transgresión, la oscuridad en la que tenga sentido la luz, la muerte que haga deseable la vida: Fausto sólo es Fausto en cuanto es *también* Mefistófeles.

32.
FIDELIDAD A LA TIERRA

Al desvelar en toda su magnitud el infierno moderno, Fausto se erige en el portavoz más consciente de nuestra cultura espectral reconociendo, sin fisuras, que la conciencia de sacrilegio, llevada a sus últimas consecuencias, asume, como impulso inextirpable, la conciencia de aniquilación. Fausto es, por ello, la mejor encarnación artística del estigma *occidental*; de la simbiosis entre el reto prometeico, del que se declara orgulloso heredero, y la presunción apocalíptica, a la que se entrega a través de su doble, Mefistófeles. Esa simultánea aceptación de tal herencia y entrega no es, sin embargo, una mera cuestión de amoralidad sino de lógica estricta: a las alturas en que se ha visto colocado, al funámbulo ya no le es posible regirse por el bien o el mal, por la creación o la destrucción. Su única posibilidad de supervivencia es avanzar. Seguir siempre avanzando.

Por eso el gran error de Fausto—el gran error de una cultura inspirada en la lógica funambulesca—es creer que llegará un momento en que pueda decir: «Detente instante, eres tan hermoso.» Este instante no existe o, si se prefiere, sólo existe en cuanto evocación onírica de un grado ideal de acción en el cual se produce, momentáneamente, la *conquista* de la plenitud. Pero, incluso en este caso, la ficción de tal conquista, tal como le sucede al viejo Fausto en el trance de muerte, se hace evidente. En plena agonía, cuando por fin Fausto logra proclamar su *fidelidad a la tierra*, la ambivalencia del desenlace es genuinamente trágica. La visión de la humanidad, rodeada de peligros, pero en la esforzada tarea de conocer y transformar, se proyecta en su imaginación febril como el hermoso instante tan esperado. Sin embargo, la confusión final de Fausto transluce el significado de la gran tragicomedia que ha vivido. Y al expirar no oye, como cree, el ruido de las herramientas de sus trabajadores, dispuestos a progresar en sus magnos proyectos, sino, como definitivo sarcasmo mefistofélico, el que provocan los lémures mientras le están cavando su tumba.

El funámbulo cae inevitablemente cuando, en plena travesía, se detiene en un punto determinado de la cuerda.

33.
FAUSTO CONTRA FAUSTO

Desde que Fausto, renegando de su poco satisfactoria experiencia del mundo, acepta la ley de la insaciabilidad, no tiene otra alternativa que la continua experimentación de las sensaciones, incluidas las del conocimiento y el poder. Si abandona, hastiado, ese gabinete de estudio que se le ha convertido en cárcel, es porque aborrece el «pequeño escenario» de la contemplación para alcanzar otro en el que pueda sentir el placer en toda su intensidad.

Pero Fausto no logra ser hedonista, no logra acotar el terreno del deseo y, consecuentemente, estima insuficiente todo placer. Él mismo acepta lo que hay de Sísifo en su condición: «Así voy ebriamente del deseo al placer, y en el placer me consumo por el deseo.» El círculo de la insaciabilidad es inquebrantable porque en él no se vislumbra ninguna posibilidad de compromiso o renuncia. Sólo cabe someterse a su dinámica maldita, exigiendo siempre una aceleración de las sensaciones, aun a costa de acelerar también las frustraciones. El resultado de este proceso no se hace esperar: desprovisto de auténticas posesiones morales pese a la inmensidad de sus anhelos, se incrementa en Fausto el sentimiento de ser un saqueador que, inmerso continuamente en el roce de la nada, pretende conquistar la totalidad mediante el embrujo de un supremo arrebato.

Es muy probable que el propio Goethe quedara asombrado del carácter demoníaco que, a través de su criatura, alcanzaba la representación. Y, también, alarmado, pues tal vez esa imagen de Fausto, desorientado y embriagado, errando por horizontes espectrales, no hacía sino *adelantar* las imágenes de una cultura que, en permanente insatisfacción, postulaba, cada vez con más premura, la bondad del saqueo. Por eso, el viejo Goethe, erigido en cruzado contra los adoradores de espectros —esos vociferadores de ideales y paraísos que propagaban sus sermones entre un rumor apocalíptico—, quiere que su viejo Fausto actúe con más prudencia y más sabiduría. De ahí que la segunda parte de su poema sea un constante pulso de Fausto consigo mismo para tratar de superar el *cul de sac* al que se ha visto abocado anteriormente al acatar la ley de la insaciabilidad.

¿Cómo resguardar a Fausto del desvarío fáustico?

34.
EL PELIGRO INMEDIATO

Goethe no puede deshacerse de Fausto. Sin duda por egotismo, pero, por encima de todo, porque éste, en cuanto figura artística moldeada a través de los siglos, es la más acabada expresión de un estigma hereditario del que el poeta, por mucho que lo intentara, no podría renegar. Su criatura, por tanto, le pertenece en parte, mas no le pertenece en lo esencial y, como consecuencia, nada lograría con tratar de eliminarla.

Por ello, la principal preocupación del viejo Goethe no es eliminar a Fausto ni tampoco desentenderse de él, lo cual desde su meditada posición antiidealista hubiera sido suicida, sino sustraerle del peligro *inmediato*. Y este peligro no es otro que su obsesión por poseer la totalidad—el paraíso, el *gran ideal*—arrastrando el desdichado riesgo de precipitarse, sin botín alguno, en el vacío de la desposesión. No es otro que su inclinación a consumirse irremediablemente en el antiguo juego a todo o nada.

Lo más apremiante es alejarlo, en la medida de lo posible, de este juego, creándole la ilusión de que es posible romper por algún punto el círculo vicioso de la insaciabilidad. Es necesario que Fausto se convenza de que, aunque el deseo no puede ser acotado, el hombre es la pieza activa de un engranaje contradictorio—la existencia—para el que no deben buscarse síntesis ni soluciones. Es necesario que sepa que el único camino es una senda abierta, flanqueada de insuficiencias y limitaciones, pero en la que es posible sentir el placer efímero, la conquista provisoria, el conocimiento parcial. Y que al final de tal senda—si es que una senda abierta tiene final—no está el *paraíso de la perfección,* sino la coronación de una experiencia enriquecida tanto por las derrotas como por las victorias.

Sin embargo, no hay que llamarse a engaños: con este cambio de talante, Fausto no se hace más moral o menos cínico. Sólo más prudente y pragmático o, como prefiere Goethe, más *clásico.* El escéptico amante sustituye al loco enamorado, el ingeniero sustituye al metafísico, el estadista al francotirador. Fausto logra gozar con Helena en lugar de sufrir con la pobre Margarita. Concibe estrategias guerreras, dirige obras de dominio y transformación de la naturaleza. Cree, o parece creer, en el *progreso.* Pero ese Fausto moderadamente humanista y altivamente progresista sigue albergando, con igual intimidad, a su Mefistófeles. Sigue compartiendo al creador y al destructor, con la diferencia, ahora, de que Mefistófeles, en lugar de llevar la máscara del *apóstol de la nada*, se atribuye el trabajo sucio que, como mal inevitable, comporta el progreso. Basta, para comprobarlo, contemplar la escena en que Fausto, empeñado en recrearse en la espléndida panorámica de sus vastas construcciones, destruye, mediante su *alter ego*, a la pareja de ancianos que con su inoportuna casita le impide la visión.

La furia del ingeniero prometeico, aunque vertida en cauces más terrestres y más desprovista de vuelos metafísicos, no es muy distinta a la del artista prometeico: la persecución de la obra perfecta, como única posibilidad de neutralizar la conciencia del condenado, exige la aceptación, dolorosa y placentera al mismo tiempo, del ímpetu mefistofélico de aniquilación.

35.
LA TENSIÓN DEL COMBATE

A través de sus correrías como *hombre de acción*, Fausto no ha dejado de ser Fausto. Únicamente se ha alejado, horrorizado como Goethe, del peligro inmediato. La diferencia entre el *hombre de acción* y el *saqueador de la totalidad* estriba en la diversidad de sus *tempus*. Mientras éste, sometido completamente a la presión de su reto espectral, exige sin dilación su cielo o su infierno, otorgando un valor absoluto al fin en sí mismo, aquél, no menos empeñado en un reto espectral pero mucho más cauto, trata de dilatar el resultado de su combate a fuerza de conceder un valor relativo a cada una de sus experiencias.

Para el primero, nada importan las tierras intermedias entre las cumbres y las simas, llegando en su delirio a yuxtaponer, sin mediaciones, imágenes redentoras y apocalípticas. Así lo piensa en su periplo inicial Fausto, con abundantes declaraciones en las que el anhelo de altura divina se confunde con la disolución en la nada. El *saqueador de la totalidad* quiere captar lo más elevado y lo más hondo, quiere amontonar en su pecho el bien y el mal, quiere extender su propio yo a toda la humanidad para, como ella misma, hundirse al fin.

Bellas y terribles intenciones que denotan el peligro que, posteriormente, intenta evitar Fausto amortiguando su insaciabilidad con una «ilimitada confianza en lo limitado». Para el hombre de acción es un error desear la conquista de un estado de plenitud definitivo, pues lo único realmente deseable es sentir en toda su intensidad la tensión del combate: sólo merece la vida y la libertad quien sabe conquistarlas a diario.

36.
EL HASTÍO DE HAMLET

El monólogo final de Fausto, antes de morir, retumba en nuestros oídos como una prolongación moderna del viejo canto coral sobre la condición humana que podemos escuchar en *Antígona*. Muchas cosas hay portentosas, pero ninguna tan portentosa como el hombre. Hamlet, que asimismo conoce esta antigua melodía, les dice a sus cortesanos que no logra entusiasmarse por ella. También para él, el hombre es una obra admirable, la belleza del mundo. Pero Hamlet, que está en una posición semejante a la del que ha apostado por la perfección y ha perdido, ya no está en condiciones de reconocer en lo humano más que la quintaesencia del polvo. Para el moribundo Fausto es, en cambio, distinto. Él ha experimentado en propia carne el riesgo de la abulia hamletiana y ha reaccionado contra ella con el fármaco de la acción.

De ahí que la mayor sabiduría de Goethe haya sido ennoblecer la muerte de Fausto con la altiva incertidumbre de la tragedia griega, concediendo a su personaje un último presentimiento, enérgico y dramático, de la condición humana. Una última evocación de una humanidad poderosa y contradictoria, afanada en la creación en medio de destrucciones y en la libertad en medio de limitaciones. Un último sueño entregado a las *ciegas esperanzas* que Prometeo insufló en el desconcertado corazón de los hombres.

37.
VUELOS DEL ÁGUILA

Podemos imaginarnos a Fausto, la criatura artística que ha madurado definitivamente en el poema de Goethe, disfrazado como una curiosa águila bicéfala. Pretende volar muy alto, sin por ello ignorar los abismos que deberá planear. Sin embargo, sus dos cabezas le proporcionan perspectivas muy diversas del rumbo a seguir. Una, coronada con ojos que desprenden una luz apasionada y fanática, se orienta con bruscas sacudidas verticales, mientras con su impaciente pico busca abalanzarse sobre la presa inmediata. La otra, por contra, tal vez temerosa de las trampas que intuye, parece preparase para un largo vuelo, rico en altibajos, en el que se alternarán pequeñas conquistas e inevitables renuncias.

Sea a través de una u otra cabeza, su espíritu es rapaz, desbordado por un deseo irreprimible por el que, para darle cima, está dispuesto a aceptar las peores atrocidades. Si esta águila en que se ha metamorfoseado Fausto duda, es porque sus dos cabezas se dejan dirigir por olfatos contradictorios. La primera atiende al aroma nostálgico de un abrupto retorno al origen. Es un aroma nauseabundo de ocasos y catástrofes en el que espera discernir, finalmente, el perfume gozoso de la resurrección. La segunda cabeza del águila rehúye, por engañoso, el olor de la nostalgia y agudiza su olfato para rastrear los páramos futuros. No le excita el poderoso aroma del origen, ni tampoco sus volátiles promesas. Lo que auténticamente le excita es el olor de la *terra incognita*, de las experiencias y conocimientos por venir, de las exploraciones y conquistas por realizar.

A esa águila que pretende volar tan alto, su doble cabeza le desconcierta y le abruma. Y ella misma, a veces, se reconoce en aquella anterior que devoraba el hígado de Prometeo nutriéndose de su sustancia sacrílega, mientras, otras veces, se identifica sin dudarlo con su predecesora apocalíptica, la que mediante un triple lamento aguardaba la marcha definitiva de los hombres hacia su aniquilación. A esa águila que pretende volar tan alto, a ese Fausto desconcertado y abrumado que *vive* el infierno moderno, le es imprescindible para sobrevivir el encantamiento en el que le sumerge *su* Mefistófeles.

Se necesitan nuevos decorados, nuevas tramoyas para fomentar la ilusión de que este infierno puede ser superado. Se necesitan alardes teatrales sin precedentes, gigantescas escenografías del hechizo. Desmesurados histriones, corrosivos arlequines, superdotados ventrílocuos: un gran espectáculo para representar, con más énfasis que nunca, la fantasmagoría de los *grandes ideales*.

38.
PRESTIDIGITACIÓN

Wagner es un apellido alemán muy corriente. Sin embargo, en este siglo diecinueve en que llegan a su apoteosis los predicadores de la *muerte de Dios,* hay dos Wagner que tienen una especial relación con nuestro relato. Aunque son muy distintos entre sí, ambos tienen en común un particular dominio de la prestidigitación. Todavía hay algo más: estos dos Wagner son, en cierto modo, muy representativos de las dos cabezas aquilinas con que hemos enmascarado a Fausto. Son su exacerbación y, en alguna medida, su trivialización sin escrúpulos. Uno, violentamente brillante, es el gran especialista *artístico* del ocaso y la redención. El otro, sólo un oscuro nombre en el seno de un luminoso poema, es, no obstante, el portador simbólico de una vasta premonición. Mientras que de aquel Wagner nunca se ha dejado de hablar, de este Wagner nunca se ha hablado. Y a pesar de todo hay un hilo inquietante que los une.

¿Quién es ese Wagner que ha pasado tan desapercibido? Probablemente el espectador, deslumbrado por el espectáculo que el *operístico* Goethe ha puesto ante sus ojos, no ha reparado en él. Son demasiado fulgurantes los *papeles* principales como para fijarse, con la atención necesaria, en un personaje secundario que, además, aparece escasas veces. Sin embargo, es indispensable no ignorarlo porque ese personaje esconde un as decisivo bajo su insignificancia. La primera vez que lo vemos en escena nos parece algo servil. Es poco más que un criado de Fausto que da saltitos de admiración alrededor de la augusta figura de su maestro. No disimula una ambición desagradable, pero carece de condiciones—de *mundo*, diríamos—para seguir la peligrosa senda por la que se va a aventurar su amo. Cuando hace *mutis* por el foro, nadie lo encuentra a faltar.

¡Qué distinto cuando reaparece justo antes de la Noche de Walpurgis clásica! También esta vez permanece poco en escena, pero su aplomo es, ahora, considerable. Se expresa con toda la desmesura fáustica sin incurrir, no obstante, en las dudas y contradicciones de Fausto. Ninguna nostalgia, ningún prejuicio. Todo está en el futuro, y el futuro puede ser dominado. Incluso se permite eliminar el azar. Nos vamos a reír del azar en el porvenir. Este Wagner, frío y optimista tecnólogo, estiliza despiadadamente el sueño prometeico de la creación absoluta y quiere que su producción, ese homúnculo que surge de la retorta, sea el producto de la más gélida racionalidad. Naturalmente, su acto es un truco de prestidigitación. Pero un prestidigitador que cree ciegamente en el progreso, sin vacilar ante sus consecuencias, es también un profeta.

Anticipa un nuevo dios y una nueva idolatría.

39.
EL HOMÚNCULO

Este pequeño Wagner, despectivo con todas las metafísicas y progresista por convicción, es una lograda premonición de nuestro artífice moderno. No se anda por las ramas de la especulación que tanto gustan a su maestro Fausto ni vacila, como éste, ante los efectos de sus descubrimientos. No se angustia por la soledad cósmica del hombre ni teme que la lógica del conocimiento ensanche peligrosamente su ignorancia. No se interroga acerca de si sus esperanzas son *ciegas esperanzas*. Gracias a ello, el discípulo es más *eficaz* que el maestro. Se asoma a su retorta con fe religiosa en la razón. Y su homúnculo, esa criatura nacida de la técnica y la química, le hace feliz porque en él ve el símbolo del futuro poder del hombre.

Frente a este pequeño y casi anónimo Wagner, mago de la ciencia y adorador del porvenir, el otro Wagner, el grande, el «real», se erige en el más consumado sacerdote de la nostalgia. Entonces, ¿por qué relacionarlos utilizando frívolamente la coincidencia de un apellido vulgar? Desde luego, el segundo Wagner, Richard, lo tiene merecido por sus frivolidades etimológicas. Pero, por supuesto, ésta no es la causa. Lo que les vincula, desde sus posiciones antipódicas, es la común hechicería con que tratan de salvar al hombre tras el *deicidio* fáustico. También Richard Wagner tiene su retorta. También quiere crear su homúnculo.

40.
SENSUALIDAD Y TINIEBLA

La retorta en la que trabaja Richard Wagner es tan poderosa que en ella, como es sabido, llega a experimentar el fin del mundo. Pocas veces un artista se había atrevido, *antes* de él, a tanto. Dante es demasiado cerebral, demasiado elegante, incluso entre los peores tormentos. Shakespeare es demasiado humano y sus ríos de sangre se encauzan entre los márgenes de pasiones concretas. Hay que remontarse al poema de Juan de Patmos para encontrar una tan sensual osadía como la que demuestra ese excepcional *Götterdämmerung*. En ambos casos únicamente la tecnología actual, con sus maravillosas máquinas de prestidigitación, podría insinuarnos—sólo insinuarnos—la fuerza de esas imágenes de destrucción.

¿No hay una *sensualidad* extraordinaria en esa imagen devastadora del hundimiento de los dioses? En ese fuego provocado por la amorosa y despechada Brunilda que, tras prender en la pira donde yace su amado Sigfrido, se eleva hacia el cielo para consumir la fortaleza del Walhalla y, con ella, a los dioses y a los héroes. ¿A qué mundo pone fin ese *ragnarök*, ese augurio abismal emanado de la tiniebla nórdica?

41.
EL BUEN BÁRBARO

El exuberante Wagner está obsesionado por la pureza. Cuando el corazón del hombre está tan profundamente corroído por el egoísmo, se hace necesaria una intervención radical que le despoje de las innumerables capas de corrupción que ha acumulado. Por eso, en el momento crucial de su vida como compositor, Richard Wagner atiende con fervor a la llamada del *buen salvaje*. No le es difícil hacerlo porque, en su siglo, esta figura laica de la nostalgia religiosa está suficientemente arraigada como para servir de inspiración a la mayoría de los ideales regeneradores. Las edades de oro, de las que había abominado Prometeo, surgen en bocas de muchos como etéreos salvoconductos a los que es necesario apelar para mantener la vacilante llama de una futura salvación. La conquista del futuro transcurre por un camino de retorno hacia la gran imagen áurea: éste es el misterioso milagro de la dialéctica al que apelan tantos poetas y filósofos. Pero Wagner es todavía más rotundo. Quiere ir más allá del buen salvaje. Quiere llegar al *buen bárbaro*.

Sin embargo, ¿cómo barbarizar el arte cuando el sutil cáncer de la civilización ha llegado a concebir productos tan corruptos como la ópera italiana? ¿Cómo hacer que el *buen bárbaro* irrumpa en la música para, a través de ella, devolver la pureza al corazón humano?

Para hacer que nazca su homúnculo, su hombre puro,

Richard Wagner necesita recurrir a la más atrevida alquimia. Una *obra de arte total*. Un engranaje de simulación total.

42.
LA GRAN SINFONÍA

Sigfrido es el buen bárbaro. A la estricta nobleza de estirpe une la jovialidad alegre y violenta capaz de extirpar las lacras a las que se ha abandonado la civilización del egoísmo. Su muerte es necesaria como acontecimiento ejemplar de la redención humana. Mas no es suficiente. Hace falta que Wotan se hunda, y con él el orden del mundo, para que entre las ruinas calcinadas de la Historia se insinúe la silueta de un hombre capaz de asumir una nueva inocencia y una nueva eternidad. El fin del mundo es completamente imprescindible para que pueda hacerse presumible la redención.

Wagner admira y, en cierto modo, quisiera restaurar la tragedia griega. No obstante, es indudable que su *Anillo del Nibelungo* nos coloca en las antípodas del espíritu trágico al ignorar el carácter abierto y contradictorio del destino humano. Wagner es, quizá sin saberlo, la negación de Esquilo o de Sófocles, porque su drama *mesiánico*, en lugar de mostrarnos el inextricable claroscuro de la existencia, aspira a conmovernos con la oscuridad absoluta en la que debe fraguarse la luz absoluta.

Hay, por el contrario, mucho del espíritu de los profetas del desierto en el lenguaje de este hechicero del Norte. También él busca un mesías entre el fragor de admoniciones y catástrofes. También él nos conduce a un apocalipsis como movimiento final de la gran sinfonía de la nostalgia.

43.
ARTE Y TRANSFORMISMO

Es verdad que los mitos desplegados por Wagner son mitos de cartón piedra en los que, ni remotamente, alcanzamos a percibir la poderosa fragancia de los mitos antiguos. Pero, quizá precisamente por eso, tienen una inquietante eficacia. No, desde luego, tomados como piezas disgregadas. Estas cabalgatas de gigantes rubios, monstruos deformes y guerreros vociferantes vistas aisladamente carecen de entidad dramática. Sólo mueven a la sonrisa. Es, otra vez, la capacidad de simulación del arte lo que les otorga poder.

La perspicacia de Wagner estriba en su habilidad para ofrecer formas míticas a un público que ha sido desprovisto de ellas. Un *guignol* grotesco se convierte en tremendamente serio cuando los polichinelas descargan sobre los espectadores las ilusiones precisas para despertar su hambrienta necesidad de afirmación. Y, en ello, Wagner es un depurado maestro. No es el gran músico que ha quedado asfixiado por el gran histrión, como pretenden algunos puritanos. Es, por el contrario, el gran histrión que se ha servido del gran músico con una calculada premeditación. Y lo que es más importante: con una asombrosa intuición de las sombrías mutilaciones que cercenan el alma moderna.

Por ello es el primer mago en sentido moderno, el pionero de las *fábricas de sueños* que han embelesado a nuestro siglo. ¿Qué es su Bayreuth sino un centro de experimentación en el que se anticipan nuestras prodigiosas técnicas de transformismo espiritual? Esos burgueses disciplinados que se encierran religiosamente en el *Festspielhaus* para asistir a las jornadas de *El anillo del Nibelungo* tienen, en apariencia, muy poco que ver con el mundo fantasmal que va a ser representado. Y, sin embargo, *tienen que ver* mucho. Ésta es la trampa de la *obra de arte total*, presentada por el mago como el supuesto y definitivo reencuentro de sonido y palabra, de música y poesía. Pero este reencuentro sólo se da bajo el predominio absoluto de la visión. Poesía para ser vista, música para ser vista. Ahí radica la eficacia: una sobrecarga de visión que, más allá del esfuerzo de captación de los otros sentidos, y aun del pensamiento, ensimisme al espectador sumiéndolo en un estado de obediencia a la imagen.

El mago ha adivinado el signo de los tiempos. Los viejos dioses eran invisibles. El hombre los invocaba o los escuchaba, mas raramente pretendía haberlos observado. Los nuevos dioses sólo viven en la medida en que pueden ser vistos. Poco importa su febril metamorfosis. Lo que importa es que invadan los ojos con su imagen y susciten obediencia.

44.
LA HERENCIA DE SIGFRIDO

En Bayreuth se representa una remota y confusa historia. Sin embargo, es el *como* se representa lo que atrapa al público, encerrándolo en una fantasía que sería impensable en sus circunstancias cotidianas. El buen burgués, materialmente opulento pero con escasa imaginación mítica, tiene la oportunidad de verse implicado en una acción épica en la que, aunque sea de modo transitorio, se transfigura su existencia. No, desde luego, porque *comprenda* ni tampoco porque goce, en el sentido íntimo de la palabra, sino porque queda anonadado por el espectáculo. Éste, entendido como atmósfera envolvente en la que no cabe respiro alguno, da escaso relieve a la comprensión y a la intimidad. Persigue, por contra, el anonadamiento y, a través de él, la captura de una secreta complicidad.

Porque, en definitiva, el espectador no comprende, mas se hace *cómplice* de las imágenes que contempla. Y es precisamente gracias a ello que la oscura trama del espectáculo wagneriano, en apariencia tan antimoderna, deviene moderna por completo. Sigfrido y el ocaso de los dioses: la exaltación del *buen bárbaro*, el aspirante a vivir más allá de la vieja civilización y la vieja moral, no es sino el complemento necesario de una cultura que interioriza el fin del mundo—de su mundo—como ingrediente permanente de su existencia.

Nunca sabremos si Wagner se apercibió suficientemente de que sus mitos, criaturas tardías y extremas de la nostalgia romántica, constituían, en buena medida, el espejo deformado en el que se reflejaba la sensibilidad moderna. Pero lo que es seguro es que sabía, con irreprochable lucidez, que su hechicería *inauguraba* los nuevos caminos de la simulación estética. Por eso no podemos lamentar que el músico cediera paso al histrión, a diferencia de lo que alegan tantos *amantes del arte*. Acaso porque, al menos para nuestro relato, lo que aprendemos en el gran histrión es más elocuente de lo que admiramos en el gran músico. Para bien o para mal.

45.
UN CONCIERTO EN BERLÍN

Sesenta y dos años después de la muerte de Richard Wagner tiene lugar la interpretación *más idónea* de *El ocaso de los dioses*. Curiosamente, para esta ocasión, no se han previsto decorados grandiosos. No hay tiempo para ello ni tampoco, en realidad, hacen ninguna falta porque, en esta versión, se cuenta con Europa como el más inmenso y adecuado decorado. La tarde es fría. A primeros de abril, la primavera aún no se hace notar en Berlín. Y menos todavía durante este año en que todo parece sumergirse en un invierno eterno. La sala de la Filarmónica está semivacía y casi a oscuras. La calefacción no funciona desde hace muchos días. Los escasos espectadores, tiritando a pesar de permanecer enfundados en gruesos abrigos, están sentados en sillas que se han traído consigo. No hay ninguna esperanza en sus rostros. Probablemente se trata de hombres y mujeres acostumbrados, desde hace tiempo, a disimular la ausencia de esperanza. Tan sólo aspiran a esta última emoción melancólica que va a proporcionarles una orquesta de la que se sienten orgullosos, encabezada por un director insigne. Nadie duda de la acertada elección del programa, que incluye la última aria de Brunilda y el final de *El ocaso de los dioses*.

¿Podemos poner en entredicho el profundo significado de la escena a la que estamos asistiendo? La orquesta esforzándose con meticulosa precisión para que la gran música de Wagner invada patéticamente el espíritu de sus oyentes. Tantas veces, antes, se ha repetido la misma operación. Pero en este día de abril de 1945 hay una diferencia fundamental: no hay escapatoria. En este día, la *simulación se vuelve verdad y lo espectral se hace realidad*. Por eso no hacen falta bambalinas ni máquinas de prestidigitación teatral para excitar la imaginación del espectador. Por eso la música puede presentarse, en esta ocasión excepcional, desnuda, pura, invisible. Porque ahora no es necesaria la fantasía escenográfica para que el oyente vea a través de cada acorde. Nadie se pregunta como podría representarse la hoguera que prende en el Walhalla. Mientras la orquesta, con admirable maestría, ejecuta los últimos compases, cada uno de los espectadores de la sala de la Filarmónica ve como es la hoguera.

Con el agravante de que esta vez no puede, al acabar la representación, abandonar el teatro y sus ensoñaciones para reincorporarse a su plácida vida cotidiana. Esta vez él no puede huir porque forma parte de la representación.

46.
AURORA BOREAL

Comparemos esta escena, en la que la música hace ver, con otra, ocurrida seis años antes, en la que un paisaje hace oír.

Tiene lugar en la noche del 22 de agosto de 1936. Un grupo de hombres está conversando en la terraza de un chalet de montaña. De repente, una vivísima luz roja tiñe las cercanas montañas mientras el cielo queda cubierto por los colores del arco iris. Alguien informa que, sin duda, se trata de una aurora boreal, aunque de una intensidad poco frecuente. A pesar de la explicación, todos se sienten fascinados por el extraño fenómeno. Durante más de una hora, la inquietante luz rojiza baña no sólo los montes, sino también las caras y las manos de quienes la contemplan. Se miran entre sí con miedo y perplejidad. Se hace difícil distinguir las facciones humanas bajo el efecto enmascarador de esta extraña luminosidad. Cada uno de aquellos hombres ve algo terrorífico en los demás. El más joven piensa en el acto final de *El ocaso de los dioses*. Lo oye, a pesar del silencio sepulcral. Pero no dice nada. Nadie dice nada hasta que la noche retorna a su normalidad. Sólo entonces, otro de los hombres, el que detenta más autoridad en el grupo, observa inesperadamente: «Esto predice mucha sangre.»

47.
LA TENTACIÓN DEL ARQUITECTO

En apariencia es sorprendente que haya sido un arquitecto quien nos ha proporcionado estas dos perspectivas de la obra de Wagner. Sin embargo, disminuye la sorpresa si recordamos que este arquitecto, el hombre joven que ha contemplado la aurora boreal, es Albert Speer y que el augur, su compañero de contemplación, es, por supuesto, Adolf Hitler.

Speer, el «arquitecto de Hitler», es además el autor de una de las más penetrantes confesiones que jamás se hayan realizado desde el corazón del demonismo. En sus *Memorias* es lúcido e implacable pero no plañidero. Por eso no hace falta poner en duda su sinceridad cuando, al relatarnos la noche premonitoria en que la aurora boreal se apoderó del cielo alpino, se muestra convencido de que Hitler reencarna a los héroes de las antiguas leyendas. Sabe, por otra parte, que su hallazgo no tiene nada de original. Hace ya años que su propio maestro, el arquitecto Tessenov, le ha explicado cuán necesaria era la aparición del *buen bárbaro* capaz de trastocar, con abrupta energía, el orden de las cosas. E incluso, retrocediendo unos lustros, ¿puede dudarse de que el siglo diecinueve se ha agotado exaltando a ese futuro salvador? Para el joven Speer, embriagado por el vino de la *nueva inocencia*, no hay duda posible. De ahí que se ofrezca en cuerpo y alma a Hitler. Y, lo que es más importante, le ofrezca su talento de arquitecto.

Ya viejo y encarcelado, Speer evoca esta entrega de

su identidad invocando el destino de Fausto. Hitler ha sido su Mefistófeles. El tentador y, asimismo, el ejecutor del castigo a través del cual él ha debido pagar el precio de su pecadora desmesura. Pero ello es cierto sólo en parte. Speer se equivoca al separar tan tajantemente las figuras de Fausto y Mefistófeles. Del mismo modo que se equivocan, interesadamente o no, todos aquellos que encuentran en la presencia del gran tentador, Hitler, la explicación de su desventura fáustica. Porque, en definitiva, Fausto y Mefistófeles son partes indeslindables de una misma criatura, de un mismo monstruo espiritual incubado temerariamente a lo largo de siglos.

Speer lleva razón cuando opina que no hubiera podido precipitarse en las atrocidades estéticas en que se sumió sin el embrujo ejercitado por Hitler. Mas cabe otra pregunta: ¿Hitler hubiera podido alcanzar sus cotas de destrucción sin la técnica embrujada de Speer?

No hay posibles Mefistófeles sin Faustos.

48.
FORJA DEL PORVENIR

Quizá el cambio más espectacular en la escena de nuestro relato es que, con Hitler, Mefistófeles se convierte en el verdadero protagonista, en el auténtico artífice que consagra los ambiguos delirios de Fausto. Por eso Hitler se atreve a llegar a *tanto* como criminal y, digámoslo de una vez, como *artista*. Como el simulador sin precedentes que arrastra furiosamente al mundo hacia la consumación del simulacro.

Nunca, antes de él, la *gran representación de una idea* sustituye al hombre con tanta fuerza y tanta eficacia. No es extraño que Hitler, a pesar de su escaso gusto musical, admire incondicionalmente a Wagner. No le importa su música, sino sus dotes de ilusionista. De ahí que afirme que en Bayreuth se ha forjado el espíritu del porvenir. Pero Bayreuth es sólo un punto de partida. Demasiado pequeño, demasiado esporádico. Hitler aspira a crear un Bayreuth permanente que abarque a toda Alemania, a toda Europa. Una gigantesca representación ininterrumpida en el transcurso de la cual los hombres, hechizados por el fragor de las imágenes, hagan dejación de sus identidades para hacerse cómplices del gran mito salvador: el Estado. Un Estado que aplasta la decadencia y se proyecta en la eternidad.

Es así como, en cierto modo, la utopía romántica de la *obra de arte total* se pone al servicio del Estado. Para ello, el *artista* Hitler dispone de dimensiones que exceden con mucho el reducido ámbito de un escenario teatral u operístico. Dimensiones casi ilimitadas que pueden alimentar la más abrumadora y premeditada escenografía que nunca se haya concebido.

49.
CINEMATOGRAFÍA Y TAXIDERMIA

El mito salvador arraiga en la medida en que se mantiene la tensión escenográfica. Incluso más: Estado y escenografía intercambian sus funciones hasta confundirse enteramente. Resulta revelador que, al parecer, surgiera el proyecto de realizar una monumental película titulada *Alemania, un film de Hitler*, compuesta a partir de los innumerables documentales fomentados por el nazismo. Sería un dato más para confirmar la honda sospecha de que, en realidad, el gran espectáculo mortífero del Tercer Reich había sido construido, en última instancia, para *ser filmado*.

Esta afirmación no tiene nada de extravagante si se tiene en cuenta que la técnica cinematográfica, de un modo acentuadamente más eficaz que la teatral, proporciona la posibilidad de congelar y perpetuar las imágenes de la representación que el *artista* Hitler ha puesto en marcha. El cine es el medio más idóneo para la expresión de su *obra de arte total* gracias a su mágica potencia de exaltación y coerción. Es imprescindible para preservar el dinamismo y la unidad de la escenografía. De ahí que toda la liturgia del nazismo, incluyendo las grandes demostraciones de disciplina y entusiasmo colectivos, sólo alcanza su mayor contundencia en cuanto es proyectada en las salas cinematográficas. El efecto de partida se multiplica, entonces, incesantemente, hasta conseguir del espectador la máxima ilusión de uniformidad y poder.

Pero el cine, la más moderna herramienta de simulación, sirve a Hitler para un propósito todavía más vasto. Le sirve para simular que su obra está dotada de eternidad. Las imágenes de los ejércitos o de las movilizaciones masivas del pueblo, representadas *en vivo*, son imágenes adecuadas para la excitación efímera. Por el contrario, esas mismas imágenes, *capturadas* por la filmación, quizá pierdan parte de su carga excitable, pero, como compensación, ganan inmensamente en perdurabilidad. Las imágenes vivas, como los seres vivos, se manifiestan y se corrompen; las imágenes disecadas, mediante su apariencia incorrupta, se sustraen a la fugacidad y parecen eternamente vivas.

Hitler, gracias a su inclinación taxidérmica, lo adivina a la perfección. No basta con construir el Estado como mefistofélica obra de arte. Es necesario, además, *embalsamarlo* para la eternidad.

50.
DECORADO PARA LA ETERNIDAD

Desde un principio, el artista Hitler quiere embalsamar a su criatura y es por esta razón que, en un momento dado, le resulta insuficiente su misma vocación de mago teatral. Quiere autorreproducir su obra ejerciendo asimismo de *cineasta*. No importa que sean otros, notables artesanos los más, quienes ejecuten la realización práctica. Lo decisivo es que sólo él, al controlar todos los mecanismos de representación, está en condiciones de responsabilizarse de la gran labor de embalsamamiento. Sólo él es el auténtico *cineasta* del Reich, como sólo él es su auténtico arquitecto.

Así parece comprenderlo Albert Speer en una anotación contenida en sus memorias. Está contemplando las fotografías en color de las maquetas realizadas por él, veinte años antes, para el palacio de Hitler. Involuntariamente le recuerdan los decorados sátrapas de las películas de Cecil B. de Mille. Su reflexión es amarga: tales maquetas simbolizan, ahora, a sus ojos, la crueldad a la que conduce la fantasía del tirano. Sin embargo, de nuevo Speer es parcial en sus conclusiones. Debería advertir que, en última instancia, *toda* la arquitectura ordenada por Hitler—toda su arquitectura, por tanto—es, en realidad, el gran decorado para un fantasmagórico film de autoperpetuación.

La única diferencia estriba en el hecho de que mientras en los estudios de Hollywood los decorados podían ser de cartón piedra, porque sólo tenían sentido mientras se rodaba una determinada producción, en la Alemania nazi, que sólo tenía sentido mediante su aspiración de eternidad, los decorados debían levantarse con los materiales más sólidos y duraderos. Puesto que en el escenario concebido por Hitler quedaba descartado el que la representación tuviera un fin.

51.
LOS TOBILLOS DE HELENA

Alemania: de un inmenso Bayreuth a un *plató* cinematográfico levantado para la eternidad. Leni Riefenstahl, la «cineasta de Hitler», nos ofrece una pauta magnífica con su película sobre las Olimpiadas de Berlín. Ese subyugante arranque expresionista sobre el añorado cielo de Grecia. Ese vuelo sin precedentes sobre los templos y las estatuas. Un *sueño dórico* que recorre la perfección de las piedras para llegar a la perfección de los cuerpos hasta que, mediante la vigorosa figura del discóbolo, la imagen se hace piedra y cuerpo al mismo tiempo. Gracias a la alquimia del cine está a punto de realizarse un milagro largamente esperado y aplazado: Alemania, tras siglos de decadencia, erigiéndose por fin en la nueva Grecia, en la depositaria definitiva de los excelsos valores perdidos.

¿Hubiera imaginado Goethe que la boda entre Fausto y Helena se realizaría en tales condiciones?

Hitler, al que, si lo fue, podemos suponer un pésimo lector de Goethe, no tiene la menor intención de entretenerse con los tobillos de Helena. No le importa la gracia porque aborrece la duda. Odia la sabiduría porque ama el dominio. Quiere restaurar la épica, pero desprovista de todo sentido de libertad. Desprovista de tragedia. Por esta razón, el *sueño dórico* exige un decorado marmóreo y sin fisuras, un decorado sátrapa, imperial, en el que los individuos vivan o mueran a la estremecedora sombra de un *ideal* inconmovible.

Ahora sabemos *qué* efectos estéticos debe provocar el gigantesco *plató*: una épica sin lírica, una sublimidad sin belleza, una eternidad sin libertad.

52.
CÚPULA SOBRE EL MUNDO

Ésta es finalmente la tarea de Albert Speer: construir el *plató* a las órdenes del director del film. Durante más de un lustro, siguiendo fielmente las directrices estéticas del *artista* Hitler, Speer construye o proyecta los decorados más ciclópeos de la Historia. Lo más asombroso, a juzgar por sus memorias, es que, desde un principio, él mismo tiene la oscura conciencia de estar construyendo, precisamente, eso: nada más que decorados.

Decorados hechos con los materiales más duros y resistentes, pero sólo decorados. Apenas confía en la utilidad o funcionalidad de sus construcciones y, en ocasiones, desconfía abiertamente de ellas. Sin embargo, eso no importa ya en este momento de su carrera como arquitecto. A Hitler tampoco le importa. Sobre todo a Hitler que, como artista, se muestra estrafalariamente kantiano, exaltando el desinterés y la inutilidad prácticos que deben presidir el arte. Ninguna huella de pragmatismo anglosajón o de depravación funcional. Un arte para la eternidad no puede estar sujeto a la servidumbre de los prejuicios económicos y sociales. Un arte para la eternidad exige las ciudades más espaciosas, las avenidas más amplias, los monumentos más contundentes.

Resulta casi patético comprobar hasta qué punto Hitler está obsesionado por superar los decorados rivales. Le molestan París, como mayor adversario, y Nueva York. Sospecha de los planes diabólicos de Stalin. Pero también le duelen los desafíos del pasado: la basílica de

San Pedro o las edificaciones romanas. Quiere enfrentarse a todos ellos con tenacidad faraónica. Poseído por una delirante megalomanía monumental concibe las más desmesuradas construcciones. Para ello cuenta, como principal peón, con Speer. Éste, que se ha ganado la confianza de Hitler con las escenografías que arropan las grandes movilizaciones masivas, trabaja con ahínco día y noche, arrastrando consigo a miles de hombres. Ambos, artista y maestro de obras, se contagian mutuamente de una furia titánica que encuentra su máximo gozo en la violencia mecánica de la excavadora y de la grúa. Las ciudades alemanas deben ser socavadas antes de ser reconstruidas con una dignidad eterna. Especialmente Berlín, nuevo centro del mundo.

Sin embargo, el tiempo apremia. Es elocuente la importancia que tiene el tiempo en la locura arquitectónica de Hitler. Está convencido de que sólo realizando, *en vida*, sus proyectos será posible asegurar la continuidad milenaria del Reich. El decorado no se levanta para cobijar a los hombres, sino para imponerse a éstos, conminándolos a acatar una *imagen*. Se diría que el Hitler político necesita perentoriamente del Hitler arquitecto porque, en definitiva, la obediencia a la *idea* depende, en grado sumo, de la sumisión a la *imagen*.

Hitler no confía en sus sucesores, ni en su partido, ni en su pueblo. Confía en un Arco del Triunfo que anonade con sus más de ciento veinte metros de altura. Confía en el supremo efecto fetichista de una cúpula que amenace al mundo. Por eso su *Kuppelberg*, cima de sus ensoñaciones, se inspira en modelos ilustres del fetichismo arquitectónico: el Panteón romano y la basílica de San

Pedro. La única salvedad es que su contundencia debe ser ilimitadamente mayor. No hay que extrañarse, por tanto, del orgullo con que Speer anota el dato de que la *Kuppelberg* sería de un tamaño diecisiete veces superior al de la basílica vaticana. ¿Se multiplicaba así, también por diecisiete, su sugestión de eternidad?

53.
EL VALOR DE LAS RUINAS

Pero la realización del decorado queda interrumpida por la guerra. Al menos, de este decorado. En un principio, mientras las conquistas le son favorables, Hitler piensa que es un aplazamiento provisional. Tras la victoria, todo se plasmará en términos todavía más grandiosos. Se trata, mientras se suspenden provisoriamente las propias construcciones, de destruir las de los demás.

Hay, para el *artista* Hitler, como podemos comprobar con sus reacciones ante los documentales de rapiña y exterminio, un placer estético complementario en la labor de destrucción. Resulta lógico, por tanto, que elija a su maestro de obras, a su fiel constructor, como maestro de derribos. Speer, ministro de armamento: si se ha confiado en él para la edificación, también se confía en él para el aniquilamiento. Si ha sido eficaz en una vertiente, también lo será en la otra. Speer obedece. Aunque se considera más que un político o ideólogo un técnico, sabe, precisamente *por esto*, que está en condiciones de sustituir sus proyectos de grandes ciudades por otros proyectos en que tales ciudades sean devueltas al subsuelo. Un extraordinario constructor está en un mirador privilegiado para convertirse en un extraordinario destructor.

Nada más fácil mientras la guerra es propicia. Pero cuando el proceso bélico se sumerge en la incertidumbre, aparece otra incertidumbre quizá más decisiva. ¿Se trataba de un aplazamiento provisional o, por el contrario, de un abandono definitivo? Si atendemos a las memorias de Speer, podemos llegar a la conclusión de que, tanto él como Hitler, intuyen con claridad el desenlace de la contienda desde el momento en que toman conciencia de su irreversible fracaso arquitectónico. Cuando saben que se ha hecho *demasiado tarde* para que, efectivamente, pueda levantarse el gran decorado. Demasiado tarde, incluso, como para que este gran decorado, corroído por el tiempo y por los hombres, quede magnificado en la observación de sus ruinas. En el fondo del precipicio no habrá vestigios magníficos. No habrá nada.

En ese momento, quizá Speer piense que de poco le ha servido ser previsor y recuerde nostálgicamente su sofisticada teoría sobre el valor de las ruinas, que había alarmado a muchos, pero entusiasmado a Hitler. Sus ideas no eran ingenuas. Sabía que una arquitectura para la eternidad debía prever su propia devastación. ¿Acaso no admirábamos aún las ruinas egipcias, griegas o romanas? Cuando él contemplaba sus inmaculadas maquetas gozaba, asimismo, de una secreta visión: veía sus edificios mutilados, heridos, cubiertos de maleza. Sus maquetas se convertían en realidad y, luego, en ruinas a las que rodeaba un aura de mágica grandeza. Nunca había ignorado que sólo esas ruinas llegarían a hablar un lenguaje perenne.

Demasiado tarde.

54.
UN FILM DE HITLER

Hacia el final de sus días, Hitler, a pesar de su obcecación, comprende que se ha equivocado al valorar la capacidad del pueblo alemán. Se ha mostrado como un pueblo débil, incapaz de calibrar con energía suficiente la irrupción del *buen bárbaro*. No está en condiciones de redimirse. Otros pueblos, orientales en su opinión, poseedores de un más hondo instinto bárbaro, tomarán la alternativa de una futura redención. Mientras tanto, imposible ya perpetuar la *Idea* a través de un majestuoso decorado, es preferible la nada. El inmenso Bayreuth que ha querido ser Alemania debe vivir en propia carne la terrible escena del ocaso.

El *técnico* Speer se horroriza de los propósitos del *artista* Hitler, alegando razones humanitarias y culturales para oponerse a la política de tierra calcinada. Nos recuerda algunos episodios en los que Fausto también se horroriza de la fría criminalidad con que actúa Mefistófeles. Pero no olvidemos que, ahora, Mefistófeles es el auténtico artista que, tras dar rienda suelta a la ambición fáustica, quiere llevar su pacto hasta las últimas consecuencias. Además, hay una perversa lógica de artista en su actitud.

Tras su fracasada tentativa de construir un decorado para la eternidad, exacerbado por la patente imperfección de su obra, quiere reducir *su* mundo a cenizas. Quiere escenificar su propio apocalipsis.

Ahora ya no se trata, claro está, de soñar en soberbias

arquitecturas, ni siquiera, pues no ha habido tiempo para éstas, en dignificadoras ruinas ante las que se asombre la posteridad, sino de hacer realidad una ulterior pesadilla, enteramente aniquiladora, que provoque la suprema conmoción del horror. Y para ello es indispensable la política de tierra calcinada. Es indispensable la escenificación de un último cuadro presidido por el polvo de las ciudades y la sangre de las víctimas para que los espectadores, aterrorizados de su misma condición de hombres, se vean obligados a decir: «He aquí el horror.»

Podemos suponer que a Hitler le hubiera gustado ver proyectada la película de esta escenificación final. *El horror, un film de Hitler.*

55.

LA IMAGEN

Se nos ha dicho que Hitler fue derrotado y somos incapaces de dudarlo. Pero quizá hay *un* Hitler que no lo fue. Quizá ese al que en nuestro relato hemos llamado artista, el consumado técnico de la simulación, el abrumador escenógrafo de la eternidad y el apocalipsis, haya tenido un éxito inimaginable que supera su brutal dimensión histórica. Si rasgamos, por un momento, el manto de locura que cubre su figura, tal vez comprobemos, con asombro, que ese fenómeno estético que es *también* Hitler ha continuado habitando entre nosotros. Tal vez comprobemos que Hitler, además del sinónimo de un desastre, es el nombre de una metáfora, largamente incubada por nuestra cultura y que, por tanto, nos concierne por completo.

Esta metáfora nos habla de miedo y de nostalgia. Asimismo de redención. Nos exige nuevos mitos que tomen el relevo de aquellos que han dejado de ser evocados. El hombre necesita acatar una imagen, aunque ésta, como Jano, sea bifronte, y unas veces le contemple con el rostro plácido de las halagüeñas promesas, y otras, con la expresión airada de las terribles premoniciones. Hitler adivinó oscuramente que éste era el tipo de espectáculo al que estaban abocados los modernos huérfanos de Dios. Pero, a pesar de su poder y violencia, no estuvo en condiciones de imponer, de modo irreversible, un marco idóneo.

Y, sin embargo, este marco estaba ya preparado. Y, con él, su Imagen.

56.
EN LA ESTEPA

Al amanecer del 16 de julio de 1945, dos meses y medio después de la muerte de Hitler y del definitivo hundimiento del Estado como *obra de arte total*, se produce un cambio de escenografía en el que, aparentemente, nada tienen que ver ni la poesía ni la pintura, ni el teatro ni la arquitectura. Pero asistiendo mudos a la escena, están los distintos protagonistas de este relato. Si pudiéramos intuir entre las sombras de una noche que se abre lentamente divisaríamos a Prometeo y al Ángel del Abismo, a Wotan y a Sigfrido, a la pareja indivisible que forman Fausto y Mefistófeles. Reconoceríamos la *faccia di spavento* concebida por Miguel Ángel reproduciéndose multitudinariamente contra la línea del horizonte. Percibiríamos, palpablemente casi, el agolparse de figuras que arrastran sus ciegas esperanzas hacia un tramo culminante de la gran tragicomedia. Todos están presentes porque saben que algo extraordinariamente nuevo y extraordinariamente viejo va a suceder.

El paisaje, resulta curioso advertirlo, no es muy distinto del pensado por Esquilo para su titán encadenado. Una tierra desolada en la que también podría ser representado el drama de Prometeo. Incluso el solitario emplazamiento que destaca en medio de la estepa podría recordar, en una versión adecuadamente estilizada, el peñasco caucásico. Por lo demás, no hay ninguna otra circunstancia destacable a excepción de ese silencio y esa inmovilidad que parecen más aterradores que cualquier orgía de guerra.

Hasta que se *libera* la Imagen.

57.
EL ROCE DEL LÍMITE

Para llegar a este momento han sido necesarios miles de años pero, por encima de todo, ha sido necesario que el antiguo estigma madurara y arraigara en los rincones más hondos del espíritu. En este momento se hace posible saber que nada ha sido pronunciado en vano porque todas las palabras, lejanas o cercanas, hermosas o terribles, eran peldaños mediante los que se construía, paso a paso, en un estruendo de desafíos, la admirable escalera sin retorno. Se hace posible saber el porqué ha sido pronunciado el canto de Antígona o el hastío de Hamlet. El porqué ha sido pronunciado el protocolo que sellaba el pacto entre Fausto y Mefistófeles. Se hace posible saber, con más certeza que nunca, por qué ha sido pronunciada, una y mil veces, la *negra* revelación de Juan de Patmos. Es verdad que todo han sido hábiles simulaciones espectrales, audaces ejercicios estéticos en los que se intercambiaban la impotencia y la temeridad. Poco importa. También este momento albergará una nueva y gigantesca simulación, con la diferencia, es cierto, de que esta vez la obra permanecerá abismalmente por encima de su artífice.

¿Qué caminos ha tenido que recorrer este artífice moderno para crear su obra maestra? No hay respuesta alternativa: todos y en todas direcciones. Los que han empujado al hombre hacia la ambición divina y los que le han conducido a considerarse un juguete roto entre las manos furiosas del azar. Los que le han hecho construir torres hacia el cielo y los que le han hecho destruir, sin asomo de piedad. Si este artífice moderno asoma, por fin, la cabeza más allá de la *frontera* es porque, en definitiva, toda su herencia—el estigma que marca su herencia—le conmina a ello. ¿No ha sido incitado insistentemente a rasgar el Velo de Isis y a participar del Árbol del Conocimiento? ¿No ha sido, con igual fuerza e insistencia, invitado al banquete tanático en el que se sirve alternativamente la perfección y la nada?

De ahí su estremecimiento ante el roce deslumbrante del límite. El mismo de Orfeo. El mismo de Fausto, tras descender al reino fronterizo de las Madres y contemplar, en el umbral de la experiencia extrema, el universo, horrible y fascinante al unísono, de las *formas sin forma*. También nuestro artífice se siente inmerso en este universo al desvelarse ante sus ojos la Imagen. No posee palabras para describirlo. Sólo un viejo verso perdido en su memoria aflora repentinamente: «Me he convertido en la muerte, la destructora de mundos.»

58.
TEOFANÍA

Los espectadores intuyen de inmediato que esta Imagen es, con mucha distancia, la más poderosa entre las creadas por el hombre, sólo equivalente quizá —por una paradójica simetría— a la ausencia de imagen concebida para un dios por los hebreos. Fuera de esta abrupta equivalencia, ninguna otra puede igualársele. Ni los héroes y dioses encarnados por el arte. Ni las más imponentes arquitecturas, ni las construcciones técnicas más osadas. Tampoco las criaturas del mejor ilusionismo teatral. No es que se trate de una Imagen desconocida. Cuando menos en variaciones aproximadas, y a veces sorprendentemente fieles, ha sido descrita en multitud de ocasiones. Ha sido tema de poetas y pintores, de visionarios y profetas. Ha sido imaginada porque, encerrada en el subsuelo de la realidad, probablemente existía ya en ocultos recovecos de la conciencia humana. La diferencia capital estriba, sin embargo, en que ahora, arrancada de este subsuelo, ha sido liberada.

Los testimonios de esta teofanía, pese a que una mayoría está advertida acerca de las hipotéticas posibilidades del acontecimiento, registran un caótico cúmulo de impresiones en el que se mezclan el terror y el asombro. No obstante, son unánimes al expresar que en la belleza escalofriante que se apodera de la estepa prevalece la sensación de principio y de fin. Principio del mundo y fin del mundo penetrándose mutuamente como paisajes complementarios de un único paisaje desprovisto de orden, desprovisto de formas, desprovisto de hombres. Por eso los espectadores se encuentran súbitamente *sin lenguaje*: «una luz que no era de este mundo» o «una especie de aurora como jamás se había visto», o «un calor no terrenal». Pero, aun sin lenguaje, ciertos presagios se están convirtiendo en certidumbres. Una fuerza primigenia ha sido emancipada de sus lazos tras haber estado encadenada durante millones de años y la humanidad, en el futuro, deberá convivir con ella.

Los emancipadores de esta fuerza no son poetas o escultores sino físicos, mas no han hecho sino utilizar el mismo procedimiento auspiciado por muchos artistas. ¿No aseguraba, por ejemplo, Miguel Ángel que la tarea del escultor era exclusivamente desnudar la materia para que irrumpieran las figuras divinas que, ocultas, yacían en la naturaleza? Estos físicos han ido más allá, cumpliendo a rajatabla este propósito, intuyendo de antemano que las figuras liberadas no serían únicamente divinas o que, quizá, precisamente por serlo, entrañarían una dimensión terrible. Los autores de esta suprema obra de arte han puesto ante los ojos del hombre aquello que, a lo largo de siglos, muchas otras obras de arte habían puesto ante su imaginación.

En este remoto lugar de Nuevo México denominado Alamogordo, en este amanecer caluroso que ha estado precedido de chubascos, asistimos a un alumbramiento inédito. Por primera vez algo parecido a un dios—o algo parecido a un monstruo, apenas importa—ha sido creado por manos humanas cumpliéndose así, es necesario no ignorarlo, un viejo sueño del hombre. Que ese viejo sueño sea, además, una vieja pesadilla demuestra que nuestra cultura, aunque sorprendida y atemorizada por el logro, venía apostando desde *muy atrás* en este sentido, dispuesta, basándose en su impronta prometeica y tanática, a asumir el nuevo sacrificio y la nueva liturgia.

Cuando, este 16 de julio de 1945, los fotógrafos y cámaras de cine tratan de captar una forma comunicable de esta Imagen desmesurada y proteica es porque el dios-monstruo requiere una figura propia para que pueda iniciarse esa nueva liturgia. Así emergerá, para el mundo, el Gran Hongo, icono del recién aparecido poder. El nuevo sacrificio, por su parte, obtendrá su primer ara veinte días después en Hiroshima.

59.
SACRIFICIO Y LITURGIA

Resulta lógico que, al experimentar en propia carne el sacrificio, muchos japoneses dieran, tras Hiroshima, un significado mítico a la potencia que los había destruido. Muchos llegaron a confundirla con uno de sus mismos dioses sembrando, vengador, una fulgurante desgracia. Pero, más allá de esta interpretación religiosa inmediata, incluso para aquellos que son informados sobre el origen *increíblemente humano* de la catástrofe, no queda otro remedio que recurrir a una mitologización del fenómeno. Entre lo terrible de las consecuencias y lo terrible de las causas hay, del lado de los sacrificados, un «período de vida» del *Pikadon* (*Pika*, como visión del desastre; *don*, como sonido añadido a ella) que ejerce un irrefrenable magnetismo. Así lo reflejan numerosas poesías y pinturas sobre el *destello inolvidable* realizadas por los *hibakusha*, los supervivientes afectados por la bomba. Tal vez porque los sacrificados son, por su condición, los primeros albaceas de una herencia que costará, a los demás, evaluar.

Pero ¿qué ocurre del lado de los sacerdotes del sacrificio que son, a su vez, los artífices de la más inquietante obra maestra? ¿Han actuado para contentar la efímera rapacidad de políticos y militares? En parte, sí. ¿Para defender ciertos valores o ideas? En parte, también. ¿Han accedido a provocar un mal instantáneo para evitar un mal todavía mayor y más duradero? Aun eso puede aceptarse, de acuerdo con un ingenuo acatamiento de la guerra. Pero todas esas razones son infinitamente menos decisivas que la razón principal: esos sobresalientes artífices que han podido llegar a ejercer como los más funestos sacerdotes se han limitado a proseguir una senda *espiritualmente* fijada desde hace mucho tiempo. Si las encrucijadas ante las que se han encontrado les han impelido a opciones más temerarias, es sólo porque, en definitiva, ellos han tenido que vivir un tramo ulterior y más peligroso del sendero. El lema, sin embargo, resonaba desde lejos: saltar hacia delante, más allá de los riesgos, más allá de las consecuencias.

Podemos imaginarnos un instante de la conciencia de Robert Oppenheimer, el físico que, por «un azar de la historia» del que luego se arrepentirá amargamente, debe desempeñar el papel de sumo sacerdote del sacrificio. Es ese mismo instante en que por primera vez, rompiéndose la noche de Alamogordo, se enfrenta, cara a cara, con su criatura. Ese poder que ha creado, y que es suyo, le desborda en belleza y destructividad. Se siente orgulloso por el éxito y, simultáneamente, atravesado por el verso del *Bhagavad Gita*, se siente encarnar la muerte, la destructora de mundos.

Pero ese instante no le pertenece, no le pertenece a él sólo. Ese instante succiona miles de momentos que el hombre ha deseado y temido cuando, reconociéndose miserable entre sus límites, se ha aventurado a traspasar la línea del horizonte.

60.
USURPACIÓN

Hay algo que acerca íntimamente a sacrificadores y a sacrificados, al brillante físico Robert Oppenheimer y al más humilde japonés que cree haber sufrido la crueldad de un castigo celeste. Algo que escapa a la razón del hombre y se sitúa al margen de su voluntad. Un dios, un monstruo, una fuerza elemental... Por encima de todo, una amenaza que quebranta el orden de las cosas introduciendo un espacio imprevisible. Sin embargo, también hay algo que los aleja radicalmente. Es más: algo que traza una línea divisoria que separa para siempre dos conciencias de humanidad. Este humilde japonés pertenece a aquella conciencia que todavía cree que son los dioses o la naturaleza quienes, con azarosas veleidades, benignas o malignas, dosifican la suerte de los hombres.

Oppenheimer, fruto refinado de una cultura que ha ultimado la *muerte de Dios*, pertenece ya, gracias a la obra que ha contribuido a crear, a otra conciencia según la cual el hombre, al menos en el aspecto destructor, puede usurpar *absolutamente* la función tradicional de los dioses o de la naturaleza. Probablemente, este hecho arroje luz sobre su presunción de haberse erigido en un «destructor de mundos». Sin embargo, no puede significar ninguna sorpresa pues toda la crónica de la investigación nuclear, incluso bastante antes del experimento de Alamogordo, incorpora metáforas teísticas: el proceso de reacción atómica en cadena, bautizado formalmente como «factor K», era conocido por Enrico Fermi y sus colaboradores con el sobrenombre del «gran dios K».

No es sólo un sobrenombre. El científico nuclear, más que ningún otro, experimenta con los límites y, entre éstos, con el frágil territorio en el que el denominado mundo físico es acechado por las brumas impenetrables de lo que, para poderlo nombrar de alguna manera, calificamos de *metafísico*. Ahora bien, el cambio esencial, desde el que se produce la fisura entre los dos tipos de conciencia humana, es que el científico nuclear tiene la inédita oportunidad de ser, no únicamente sujeto especulativo y pasivo del *mundo metafísico*, sino también sujeto activo. Es, en cierto modo, como resultado de haber hecho posible la idea de que la humanidad podía autodestruirse sin intervención de la divinidad o del azar cósmico, el creador de un *nuevo escenario metafísico*.

Un *medium* sin precedentes entre Prometeo y el Ángel Exterminador.

61.
PAN

Para las gentes acostumbradas a los dioses, la muerte de uno de éstos es causa de pánico e igual sucede, entre aquellas otras gentes habituadas a vivir sin ellos, ante la imprevista aparición de un nuevo dios. Los escritos de la época de Tiberio nos informan del temor generalizado que sucedió a la noticia de la muerte del dios Pan. Apenas resultaba soportable el fallecimiento de un ser cuyo sentido emana de su inmortalidad. También, por motivos inversos, parece insoportable en nuestra época la brusca irrupción pública del «gran dios K», aunque ésta se produzca de la mano del hombre.

Fausto, al final de su vida, cuando evocaba una humanidad rodeada de incertidumbres pero audaz y sin frenos—sin dioses—, no podía prever este obstáculo. No podía prever, aunque su mismo talante conducía a ello, que junto a las viejas barreras de la fatalidad y el azar, el hombre erigiría, con pleno conocimiento, y *desde ese conocimiento*, otras barreras.

62.
TODO EN NADA

Pero incluso una obra como ésta—quizá sería mejor decir: sobre todo una obra como ésta—se convierte en objeto de representación y de escenografía. En objeto de simulación estética. Desde Hiroshima, el Gran Hongo, icono de la *forma sin forma* emancipada por nuestros artífices modernos, constituye la figura más determinante, y también la más *popular*, de nuestro tiempo. Con respecto a ella, todas las figuras precedentes del Mal quedan diluidas. El infierno de Dante queda, por supuesto, muy atrás, como mera pieza arqueológica brindada por la poesía. Sin embargo, lo más notable es que también queda desvaído el *infierno moderno*, paisaje sin plasticidad propia—a pesar de sus cíclicas identificaciones con los desastres de la guerra, por ser fundamentalmente desacralizado e íntimo. El Gran Hongo, en la medida que transmite *colectivamente* una imagen de condenación, ofrece una nueva corporeidad visual a un infierno que deja de ser sólo subjetivo para convertirse en una perspectiva capaz de ser compartida.

De ahí la tremenda eficacia de su reproducción escenográfica, únicamente comparable a la que poseyó la obra de Juan de Patmos durante la Edad Media con su repercusión en los monasterios y las catedrales. Entre ambas, ninguna otra escenografía ha contenido tal poder evocador, ni la dantesca, todavía sacra en su origen pero muy pronto transformada en material alegórico, ni las sucesivas representaciones bélicas, siempre demasiado parciales, pese a su frecuente contundencia. Basta comprobar, con respecto a estas últimas, hasta qué punto, en nuestros días, la imagen del Gran Hongo ha venido a sustituir, desplazándolas por entero, a las sucesivas imágenes de la destrucción bélica, incluyendo las recientes y avasalladoramente devastadoras de la Segunda Guerra Mundial.

La razón hay que buscarla en un cambio cuantitativo, mas también cualitativo, del decorado. Las imágenes de la Segunda Guerra Mundial—entendida ésta como la cota más alta jamás alcanzada por la destructividad humana—siguen, a pesar de su crudeza, poseyendo un alcance relativo. No tienen un valor absoluto ni escapan a la voluntad humana, aunque sea en su vertiente más tenebrosa. Por eso son todavía de una exuberancia siniestra, en la misma tradición de exuberancia siniestra de las escenas bélicas anteriores. En el Gran Hongo, por el contrario, la extrema sobriedad de líneas nos expresa su mensaje distinto: *todo está contenido en esta nada*. Nos expresa su alcance absoluto, la autodestrucción y, asimismo, su carácter incontrolado frente a la voluntad humana.

En este decorado, tan escueto como abrumador, también reconocemos el desafío de Prometeo y la carcajada de Mefistófeles. Y ya no podemos prescindir de él como fondo al que dirigimos huidizas miradas desde nuestra voluntariosa tragicomedia.

63.
CARNAVAL

Porque también este decorado es susceptible de incitar a la tragicomedia. Y, frecuentemente, a la farsa.

Acerquemos nuestro relato al presente. En octubre de 1976 está anunciado un singular espectáculo aéreo en el cielo de Texas. Junto a la exposición de viejos aparatos de aviación, la estrella del festejo es un restaurado B-29 al mando de un piloto especial: Paul Tibbets, el mismo que treinta años antes, con su *Enola Gay*, había dirigido la expedición sobre Hiroshima. Su misión es, ahora, distinta. Sólo tiene que simular, ante miles de espectadores expectantes, su acción de hace tres décadas. Y, en efecto, el éxito previsto por los organizadores es completo. En el momento más emocionante del espectáculo, Tibbets, desde su aparato, deja caer un simulacro de bomba atómica que, gracias a los explosivos proporcionados por los ingenieros del ejército para esta efemérides, se convierte en una voluminosa nube en forma de hongo. Los espectadores aplauden con entusiasmo.

No podemos dejar de comparar esta exhibición con las que se desarrollaban en el circo de Buffalo Bill. Pero ¿resulta un atrevimiento excesivo hacer del primer gran ensayo de autodestrucción creado por el hombre un motivo de circo? ¿Puede ser el fin del mundo un número más, aunque sobresaliente, del circo imaginario al que recurrimos para olvidar? Puede serlo. Y aún más: debe serlo si el hombre, para proseguir su vida, necesita camuflar sus tratos con lo insoportable en el *carnaval* del olvido. Quizá el gesto de Tibbets, en cuanto a émulo de Buffalo Bill, aparece demasiado obsceno porque concentra en el mismo actor, y en la misma máscara, el drama y la farsa. Sin embargo, más allá de esta macabra confusión, no es sorprendente que el drama exija ser prolongado en la farsa. En el teatro griego, la comedia sucede a la tragedia, aligerando la densa pesadez de los dioses y los héroes, y trivializando sus acciones. Las sátiras y mascaradas de la Edad Media incorporan, a menudo, aunque desde el otro lado, el de la distanciación profana o burlesca, las mismas imágenes de terror que, en su dimensión sacra, pueblan las exhortaciones de la liturgia y los relieves de las catedrales. Mefistófeles, el gran negador, es desde la otra óptica un bufón, cuyos propósitos de destrucción devienen materia bufonesca.

Los infiernos transfigurados por la farsa se vuelven paisajes grotescos. Y lo *grotesco*, al velar el rostro amenazante, descarga sobre los espectadores el ansiado hechizo del olvido.

64.
LA DANZA DEL OLVIDO

Apocalipsis es el nombre de un recinto en cualquier ciudad importante de cualquier país pequeño o grande. En ese recinto, y en muchos otros conformados del mismo modo y nombrados de manera semejante, veréis bailar la danza del olvido. El decorado varía, según la timidez o la audacia del escenógrafo, pero no hay duda de que, cuanto más osado, mayor es la eficacia catártica de aquella danza. El Gran Hongo se ha convertido en un *totem* predilecto de nuestra cultura y, aunque su imagen es observada como prototipo de lo fatal, posee inevitablemente la carga de objeto ceremonial que se reproduce en muros y escenarios como patrimonio de nuestro saber inquietante. Los ídolos, tras ser temidos, deben ser conjurados a través de un ejercicio de intimidad que, al provocar la saturación de las emociones, aligera el peso del miedo originario. Y así, incluso el más extraordinario infierno concebido por el hombre—el único realmente *creado* por él—diluye su carga de terror al propagarse como demonio familiar junto al que se convive y, mediante el escepticismo causado por su presencia reiterada, se sobrevive.

La consecución, aunque sea provisional, del olvido requiere la más exasperada y cotidiana mostración de la amenaza. Nada hay, por el contrario, menos olvidable que la idea terrorífica que late pero no se muestra, impidiendo que el hombre se familiarice con su terror. La terrible obra maestra que conlleva la posibilidad del fin del mundo *humano* no sería en ningún modo soportable, ni como concepción ni como ejecución, si no hubiera sido, a la manera de los viejos infiernos, transfigurada paródicamente, hasta ser convertida en decorado bajo cuyo fondo se puede bailar, reír o cantar como bailaban, reían o cantaban los acólitos de todas las religiones ante los decorados grotescos en los que se representaba su condena.

Por eso existe en cualquier ciudad de cualquier país algún recinto llamado *Apocalipsis* en cuyas paredes la destrucción está pintarrajeada con muecas burlescas. Allí, bajo la música estridente, también se baila la danza del olvido. Pero ese recinto no es más *opiáceo* que los otros recintos. Únicamente es una avanzadilla, casi ingenua, de un gigantesco redondel humano empeñado en la misma danza.

A través de ella, con toda la furia y toda la audacia de que es capaz, el hombre quiere olvidar que, tras tantas tentativas, no ha logrado huir de ese agotador monólogo en el que se expresa su soledad.

65.
ORÁCULOS

Solo, porque está demasiado lejos de todo: de él mismo y de lo *otro*, aunque lo *otro* sea la profundidad insondable de su propio pozo. Lo mejor, quizá, hubiera sido que el hombre jamás se hubiera asomado a ese pozo, pero cuando lo hizo—y en este gesto se grababa su destino— le pareció ver, a una distancia infinita, su rostro reflejado en el fondo. Acaso fuera sólo un destello: el destello suficiente para desatar el fuego demoledor de la esperanza. Entonces le pareció oír una voz, o tal vez era un mandato, que se reproducía, a través de los oráculos, por toda la tierra. Ya no únicamente le parecía verse, sino también escucharse. Y las palabras que llegaban a sus oídos eran las que apremiantemente necesitaba escuchar: conócete a ti mismo.

Así, paradójicamente, empezaba la larga marcha hacia lo *otro*, pues, para el hombre, lo *otro*, el territorio ignorado del peligro y del deseo—el dios desconocido, por excelencia—, sólo encontraba fundamento desde su ilusión de conocerse.

Sin embargo, cuentan de alguno que acabó repudiando la sabiduría oracular. Cansado de asomarse una y otra vez al pozo, en busca del destello, y no viendo otra cosa que oscuridad, se acercó, en una última tentativa, a interrogar al oráculo. Explicó que ya había hecho mucho para conocerse a sí mismo, tanteando todos los saberes y experiencias posibles, y que, por tanto, dado que seguía desconociéndose completamente, ansiaba escuchar del oráculo otro tipo de sugerencia. Como la respuesta se retrasaba, el hombre, furioso y desesperado, tomó la determinación de no asomarse más al maldito pozo, sino que, anhelando *otro* camino, se arrojaría a él. Y sin esperar más corrió hacia un acantilado cercano y se tiró al vacío. Se dice que, mientras caía, el oráculo se estaba pronunciando: «Ignórate a ti mismo.»

66.
DOMESTICAR AL MONSTRUO

Quizá éste fue un caso insólito, motivado por la rebeldía de este hombre, o quizá no hubo nada de excepcional en tal dictamen pues, en realidad, el oráculo, impasible, se había pronunciado de igual forma en que lo había hecho en mil ocasiones anteriores, con la diferencia de que ahora sus palabras, perdidas como siempre entre el rumor del enigma, parecían aconsejar la dirección opuesta. Pero no era la dirección opuesta. La invitación a ignorarse era idéntica a la invitación a conocerse pues entrañaba que el sendero hacia el yo era, precisamente, el sendero hacia lo *otro*, ese monstruo desbocado que acechaba, con impunidad, todos los instantes de la existencia.

Conocerse era ignorarse para domar al monstruo que penetraba ciegamente todas las fibras del mundo, desde el más minúsculo átomo de sentimiento hasta los más vastos espacios de la noche. Conocer era simular que podía ser domado, encerrándolo en maravillosas jaulas de orden, donde pudiera ser pensado sin el riesgo de sucumbir a su caótica voracidad. Conocerse era poner diques y trazar fronteras para impedir que el *sí mismo* se diluyera como una voluta de humo en un aire infinito.

No obstante, una vez puestos los diques y trazadas las fronteras, una vez construidos los sucesivos simulacros de domesticación del monstruo—y, sobre todo, una vez que se había ganado y se empezaba a perder la fe en dichos simulacros—, surgía de nuevo la presencia anonadante de lo *otro* y, con ella, bajo su influencia magnética, el deseo irreprimible de socavar aquellos diques y de traspasar aquellas fronteras. La conquista de la tierra firme alejaba, momentáneamente, el supremo riesgo del naufragio, pero los inevitables límites de esa tierra, por grandes y perfectos que fueran, acababan por provocar la asfixia y el hastío. Y, para huir de ellos, los ojos se volvían hacia la inmensidad del océano e incitaban a los corazones hacia una nueva travesía.

Así, conociéndose e ignorándose al unísono, los hombres han concebido y destrozado sus sucesivas cosmogonías. Y, así, en su larga marcha hacia lo *otro*, han creado y aniquilado a sus dioses.

Y el monstruo, evasivo y acechante siempre, no ha hecho sino crecer.

67.
LO INNOMBRABLE

Nunca lo *otro*, ese monstruo, había sido tan gigantesco como en nuestro presente porque nunca, antes, había sido tan fríamente indiferente a nuestras desamparadas jaulas domesticadoras. Tan fríamente indiferente que apenas nos atrevemos a nombrarlo con aquellos nombres solemnes que perseguían convertirlo en interlocutor: Necesidad, Dios, Armonía... Los nombres que otorgaban una seguridad de que lo *otro*, a pesar de su carácter sinuoso e impenetrable, reposaba en un fondo de orden. Ahora, sin embargo, arrinconados los viejos nombres en el desván del pensamiento, lo *otro* se ha hecho casi *innombrable*. Asimismo, por tanto, casi impensable.

Hay una idea de *con-fin* del mundo que es más fuerte y lacerante que todas las representaciones posibles del fin del mundo. Más que el hundimiento de Zeus o que el Gran Día de la Ira, más que el Juicio Final o el Crepúsculo de los Dioses, más, incluso, que esa otra, tan fuerte y lacerante, que implica que el hombre haya creado las condiciones para su entera destrucción. Y esa idea es, precisamente, la imposibilidad de establecer un *con-fin* del mundo, la imposibilidad de pensarlo, la imposibilidad de nombrarlo.

Para esa idea, en apariencia, no hay mito posible porque no hay imagen posible. Pero el hombre, por encima de todo, es un constructor de mitos y de imágenes.

68.
A LA VENTURA

Éste es un juego de singulares características. Sabemos que participamos en él y, a veces, movidos por repentinos entusiasmos esperamos mucho de él. Pero no sabemos casi nada más. Desconocemos los márgenes del terreno de juego, si es que existen tales márgenes. Poseemos información sobre un minúsculo grupo de reglas, mas se nos escapan todas las demás e incluso albergamos la sospecha de que nunca hayan sido enunciadas las más decisivas. Tampoco tenemos conocimiento de la presencia de árbitros o jueces, y nos hemos habituado a prescindir de su supuesta vigilancia. Éste es realmente un juego extraño del que ignoramos la duración, las expectativas o el sentido. ¿Y los adversarios? Fuera de nosotros mismos, ninguna señal.

Un extraño juego el nuestro, obligados a jugar como niños que jamás crecerán y como viejos que jamás volverán a ser niños. Un juego que nos sitúa radicalmente *a la ventura*: en una aventura, sin embargo, en la que no se pueden prever islas que cobijen, dioses que premien o augures que descifren. Una aventura desde el corazón del enigma hacia el corazón del enigma, en cuyo transcurso únicamente percibiremos unos vagos latidos.

Pero también podemos tratar de imaginar este juego en el que participamos forzosamente *a la ventura* para, mediante su escenificación, sustraernos a su debilitadora arbitrariedad. Podemos transformarlo en aventura por la cual navegamos hacia el horizonte del mundo a la búsqueda de unos márgenes, de unas leyes, de un sentido. Podemos erigir un nuevo mito: la travesía del cosmos como el gran viaje iniciático en el que quizá pueda cumplirse, por fin, aquel remoto *conócete a ti mismo* oracular.

69.
EL ESPÍRITU DE LA TRAGICOMEDIA

Nunca el hombre había mirado tan lejos como nosotros y nunca todo lo había sentido tan lejos como lo sentimos nosotros. Entre ese audaz mirar y ese hosco sentir se abre el último escenario, el más reciente, de nuestro relato. Y en este escenario, con el telón de fondo del *horror vacui*, se representa la ilusión, épica y cómica a la vez, del viaje decisivo hacia la última frontera que pueda desvelar las reglas del juego. Por eso, la travesía del cosmos, el mayor mito que nos hemos otorgado para poder soñar tras haber gastado las antiguas fuentes del sueño, es, por encima de toda otra circunstancia «científica», un viaje iniciático, a través del cual los más duros interrogantes nos aproximen a las anheladas respuestas.

Siempre hemos estado necesitados de respuestas porque de un modo imperioso siempre hemos necesitado preguntar. También esto forma parte del estigma de nuestra cultura, y por ello hemos concebido esos imprescindibles *ideales* a los que tributar nuestros sacrificios porque, al final del camino, ellos prometían un paraíso. Cuando esos *ideales*, y con ellos sus promesas de paraíso, se han extinguido, han arrastrado en su caída las firmes respuestas que llevaban consigo. Sólo han quedado, otra vez, las preguntas. Las mismas preguntas—sarcásticamente, las mismas—que retumbaron en peñascos primigenios cuando los hombres decidieron marchar al asalto de *ciegas esperanzas.*

En ello se refleja el espíritu genuino sobre el que se

ha sostenido y se sostiene nuestra tragicomedia: en esa capacidad ilimitada para derruir implacablemente todas las respuestas esperando escuchar siempre, entre el estrépito del saqueo, las mismas preguntas.

70.
ZOOM

Quizá por esta razón se hace difícil, a pesar de las poderosas máquinas de simulación que poseemos, imaginar el escenario en el que se representa nuestra *actual* travesía del cosmos. Más difícil que en los tiempos de Esquilo, cuando Zeus, omnipotente e injusto, podía ser derribado; o que en los tiempos de Dante, en que una capa de perfección divina envolvía a las esferas perfectas; o que en los de Newton, confiados a la exactitud matemática de todos los engranajes. Nos hace falta un *arte* capaz de expresar, mediante el hechizo turbador y tranquilizante de *sus* imágenes, ese viaje iniciático hacia un *con-fin del mundo* que se ha tornado innombrable e impensable.

Pero no disponemos de las imágenes idóneas para ese nuevo tipo de arte que sería deseable. Tampoco, por supuesto, de las palabras que unifiquen con suficiente fuerza el vértigo y la espera. Para ese nuevo tipo de arte sería necesario que cada imagen comportara, como una suerte de negativo fotográfico, su propia contraimagen, su doble invertido en un permanente punto de fuga hacia lo ignoto. Únicamente así podría ponerse de manifiesto que nuestro cosmos es en *realidad* el revelado de ese negativo fotográfico que es nuestro caos.

Únicamente así, por una suprema ironía, este arte podría proponerse la reinvención de una cierta escena clásica en la que el hombre, autoofreciéndose de nuevo como herida central en el cuerpo del Ser, se percibiera a sí mismo como nudo del mundo no sólo, al modo renacentista, en cuanto eslabón principal de la gran cadena que engarza macro y microcosmos, sino asimismo como *zona de vértigo* en la que confluyen macro y microcaos. El hombre puede *sentirse* centro del cosmos en cuanto se *sabe*, también, centro del caos.

Esta escena con sabor clásico sería, entonces, un instante privilegiado en el movimiento del ZOOM prodigioso que recorre, en todas direcciones, las entrañas del mundo, poniendo al descubierto, con cada avance o retroceso, los admirables fragmentos de un laberinto que se espeja infinitamente a sí mismo.

Nada sabemos de nuestro destino en este *maëlstrom*, excepto aquello que en su fondo—si lo hay—deseamos y tememos encontrar. Por eso, más allá de viejas y nuevas sabidurías, el gran mito se autorreproduce siempre en un círculo fatal e intraspasable: cuando en nuestras odiseas modernas imaginamos héroes que atraviesan la *puerta de las estrellas* recreamos las expectativas de los discípulos de Sais al rasgar el velo de la diosa. Deseamos y tememos encontrarnos *sólo* a nosotros mismos.

71.
IO Y EL TÁBANO

Ahora la escena que indicaba el inicio de este relato se ha invertido. Io está sola, al tiempo que las fuerzas numinosas se han desvanecido y, con ellas, las febriles *ideas* en litigio. Tampoco Prometeo, el inconmovible, está presente, perdido quizá entre los estratos más profundos del Tártaro. O, quizá, ocurre que, en realidad, Prometeo nunca ha estado presente. Io se lo pregunta de tanto en tanto, cuando las picaduras del tábano disminuyen su intensidad o, al menos, a ella se lo parece, acostumbrada como está al inseparable aguijón. Entonces mira hacia el peñasco buscando algún indicio del encadenado. Y, aunque no advierte ningún rastro, a veces cree oír su voz poderosa entremezclada con otras voces que evocan una vieja historia.

Cuando esto sucede, Io, la *amnésica*, recuerda, si bien nunca está segura de que sea cierto su recuerdo, tras tan largo peregrinaje. Caen sobre su memoria retazos del pasado. Pero también duda a este respecto. Acaso no sean del pasado sino únicamente intuiciones de algo que todavía no ha acaecido. Imposible discernirlo bajo la influencia de las voces airadas. Cuando esto sucede, Io cierra los ojos y deja que las extrañas imágenes transcurran por su interior. Puede *ver* el tumulto de las hogueras forjadas por la voluntad y por el miedo. Y asimismo puede *ver* a los hombres apiñados alrededor de tales hogueras. Y sus sueños, y sus esperanzas, y sus osadías, y sus crímenes. Y piensa que es real que también ella ha habitado estos paisajes.

Por eso, aunque siente una indefinible nostalgia, experimenta un notable alivio al abrir de nuevo los ojos y comprobar que la roca de Prometeo está vacía. Tal vez sea preferible así, a pesar de que ahora no tendrá a nadie a quien interrogar sobre su destino. Era hermoso tener a alguien con quien poder hacerlo. Pero también era terrible. Hubiera sido mejor que el dilema jamás se hubiera planteado.

Io mira por enésima vez en torno suyo tratando de vislumbrar al invisible tábano. Ha hecho tantas veces el mismo gesto que no puede dejar de sonreír ante su acción. Y mientras se desliza, sin posible descanso, por el escenario, piensa en lo maravillosa que hubiera sido su existencia sin la funesta compañía de su persecutor. Piensa en su cuerpo libre de dolor.

También los espectadores experimentamos sensaciones y pensamientos semejanes. Con la misma duda: ¿existe, en verdad, para Io y para nosotros, el maldito tábano?

ESTA REIMPRESIÓN, PRIMERA,
DE «EL FIN DEL MUNDO COMO OBRA DE ARTE»,
DE RAFAEL ARGULLOL, SE HA TERMINADO
DE IMPRIMIR EN CAPELLADES
EN EL MES DE OCTUBRE
DEL AÑO
2016

OTROS TÍTULOS
DE RAFAEL ARGULLOL
EN ACANTILADO

TÍTULOS PUBLICADOS

El afilador de cuchillos (un poema)
Enciclopedia del crepúsculo
Breviario de la aurora
La atracción del abismo
El fin del mundo como obra de arte
El cazador de instantes
El Héroe y el Único
Aventura. Una filosofía nómada
Lampedusa. Una historia mediterránea
Desciende, río invisible
Visión desde el fondo del mar
Una educación sensorial
Maldita perfección
Pasión del dios que quiso ser hombre
La razón del mal
Mi Gaudí espectral
Tratado erótico-teológico

TÍTULOS EN PREPARACIÓN

Tres miradas sobre el arte
Leopardi
El asalto del cielo
Territorio del nómada
El Quattrocento
Sabiduría de la ilusión
Transeuropa
Davalú o el dolor
Manifiesto contra la servidumbre
El puente de fuego